Don Sergio Paganelli

Il prete diocesano alla luce della spiritualità monastica benedettina

Don Sergio Paganelli

Il prete diocesano alla luce della spiritualità monastica benedettina

Lettera a un sacerdote novello

Edizioni Sant'Antonio

Imprint

Cover image: www.ingimage.com

Publisher:
Edizioni Accademiche Italiane
is a trademark of
International Book Market Service Ltd., member of OmniScriptum Publishing Group
17 Meldrum Street, Beau Bassin 71504, Mauritius

Printed at: see last page
ISBN: 978-613-8-39211-8

Don Sergio Paganelli

IL PRETE DIOCESANO ALLA LUCE DELLA SPIRITUALITÀ MONASTICA BENEDETTINA

Lettera a un sacerdote novello

A SUA SANTITÀ
BENEDETTO XVI

PREMESSA

La spiritualità monastica benedettina, con i valori e i contenuti proposti da San Benedetto nella Regola, accompagna da lungo tempo il mio ministero sacerdotale e ad essa cerca di ispirarsi.

Ho perciò scritto questo testo, frutto di letture, di riflessioni e di esperienze personali e, adottando il genere letterario della "lettera", ho finto di indirizzarlo, in qualità di parroco, ad un sacerdote novello che, ricevuta di recente l'ordinazione sacerdotale, si appresta ad iniziare il suo ministero. Chiameremo questo sacerdote "don XX".

La struttura di fondo di questa "lettera" è attinta dalla Lettera Apostolica "*Pacis nuntius*" di Paolo VI del 1964, con la quale il Papa ha proclamato San Benedetto Patrono d'Europa.

Carissimo don XX,

quando alcuni anni fa ero stato nominato tuo Parroco, destinato nella tua parrocchia di origine, avevi sedici anni e stavi iniziando il terzo anno di liceo. Da allora di anni ne sono trascorsi un bel po'... Un lungo cammino che avevi intrapreso in seminario già due anni prima e che ti ha portato all'Ordinazione Sacerdotale di settimana scorsa.

Mesi fa (eravamo in montagna) mi avevi accennato, in battuta, ad una lettera che avresti gradito avere da parte mia in occasione della tua Prima Messa; a questo tuo desiderio ti avevo risposto molto evasivamente, senza nasconderti una certa perplessità. Ero ben consapevole che scrivere una lettera per il tuo sacerdozio avrebbe costretto me a riflettere e a riconsiderare il mio sacerdozio: passaggio troppo impegnativo, troppo compromettente, perché sapevo che non avrei potuto né sarei riuscito a rimanere neutrale. Poi, in seguito ad una tua ulteriore insistenza, ho accettato come tuo parroco per dovere di coscienza, e come sacerdote per non mancarti di carità, riconfermandoti a questo punto quella fraternità e amicizia che credo di averti manifestato in questi anni in cui sei cresciuto umanamente e spiritualmente, fino a maturare il tuo "si" definitivo alla vita sacerdotale.

Sai come siamo: da gente del nord, un po' montanari e rustici nel carattere, solo parole schiette, sincere e con i piedi per terra! Tralascio perciò formali panegirici di circostanza e sentimentalismi fuori luogo a cui siamo poco abituati. Voglio semplicemente, ma con serietà, tentare di trovare e quindi regalarti (passami l'esempio) una specie di cornice ideale alla tela preziosa su cui, a più mani, nel tempo, si è compiuto il dipinto della tua vita: una tela che ha richiesto anni di impegno e tu solo sai cosa tutto questo significhi per te! Un'opera d'arte è difficile decifrarla fino in fondo e coglierne tutti i particolari, le sfaccettature e i segreti, perché ciò che hai vissuto appartiene solo e soltanto a te, è la tua vita; e poi ogni tentativo di lettura rimarrà sempre parziale perché c'è sempre un rimando ad un "oltre" che non potremo mai possedere del tutto e che ci sfuggirà sempre. Tuttavia, è possibile trovare una bella cornice, adeguata ad esaltare il valore del dipinto, il valore della tua vita. Allora mi auguro che questi miei pensieri si adattino bene, a mo' di cornice, alla tela preziosa della tua vita sacerdotale che ti appresti ad iniziare e, spero, la valorizzino anche.

Come ti dicevo, il coinvolgimento personale è inevitabile, allora per questa cornice ideale parto da una mia sensibilità che, lo sai bene, mi accompagna nella mia vita sacerdotale: la spiritualità monastica benedettina. Da essa vorrei attingere, senza pretesa, alcune indicazioni e spunti che, di per sé, non sono specifici della spiritualità del presbitero diocesano, del sacerdote secolare; tuttavia, ne sono convinto, offrono orientamenti il cui valore è universale e che valgono ancor più per chiunque abbia scelto di consacrare la sua vita a Dio, al di là poi delle diverse forme in cui si declina e si esplicita ogni singola vocazione.

Vorrei prima fare una premessa, dicendoti questo: siamo in ottima compagnia! A parte la compagnia, che è nei cieli, di San Benedetto e di tutti i Santi benedettini, abbiamo qui in terra, dalla nostra parte, il Papa emerito Benedetto XVI che non per caso, ma con precisa intenzione, aveva scelto questo nome per il suo pontificato. Uno dei temi su cui Papa Benedetto ha molto insistito fin dall'inizio del suo ministero petrino, dall'alto del suo Magistero, della sua finissima intelligenza e della sua profonda conoscenza teologica, è stato questo: l'urgente necessità, da parte dell'Europa, di non tagliare, anzi di recuperare, tanto convintamente quanto urgentemente, le sue irrinunciabili radici cristiane, per non sprofondare ancora di più in quella crisi culturale ed antropologica che da tempo sta coinvolgendo tutto l'Occidente e non solo. Questo è stato un nodo cruciale anche di tanti interventi e contributi che l'allora Card. Ratzinger aveva offerto sul tema dell'identità culturale e spirituale dell'Europa, sui fondamenti, sulle prospettive, sui pericoli, le sfide e le speranze del continente europeo. Purtroppo, Papa Benedetto è rimasto inascoltato, intenzionalmente ignorato. La verità, molte volte, è scomoda, dà fastidio... ma di questa verità il tempo e la storia saranno giudici!

L'Europa, almeno quella occidentale e latina, è divenuta complessivamente terra cristiana, specialmente perché i monaci "pre-benedettini" nei primi secoli, ma soprattutto i figli di San Benedetto, a partire dall'alto medioevo, quasi in maniera pionieristica, l'hanno forgiata donandole l'unità della fede, una cultura ed un'etica comuni; pervasi dallo spirito evangelico, dal Vangelo stesso i monaci hanno desunto una solida base religiosa, sociale, civile e culturale allo stesso tempo, sulla quale, lungo i secoli, ha via via preso forma e identità il nostro continente europeo. La fondazione e diffusione capillare dei monasteri e l'evangelizzazione dell'Europa, cioè la propagazione del cristianesimo tra le popolazioni europee, costituivano due fenomeni in osmosi, concomitanti, strettamente legati tra loro e che andavano di pari passo, e una volta gettato il sasso, l'onda monastica e cristiana si è espansa e allargata a 360 gradi. *"I monasteri venivano ad esercitare una funzione determinante nell'edificazione della Cristianità medievale in tutti i suoi aspetti"* (G. Penco). Il monachesimo, quindi, veicolando il messaggio evangelico con i suoi fondamentali valori religiosi e morali, ha contribuito decisamente a far nascere e a diffondere nel continente europeo, che stava vivendo tempi di forti crisi, una cultura cristiana a tutti i livelli, sia materiali che spirituali, plasmando una nuova civiltà. Detto in altri termini, i monaci con i loro monasteri, evangelizzando, hanno civilizzato l'Europa, contribuendo così al riscatto civile, sociale e spirituale di molti popoli disgregati e abbandonati a se stessi. *"Benedetto diede l'avvio ad una formidabile fioritura culturale. In un'epoca in cui le orde barbariche di Goti e Bizantini andavano distruggendo le antiche tradizioni culturali romane, Benedetto ed i suoi monaci andarono controcorrente e di fatto misero le basi per la cultura dei secoli successivi"* (A. Pamparana). Erano quelli i tempi delle cosiddette invasioni barbariche che si ripeterono per vari secoli e furono periodi di grande instabilità per le popolazioni del continente, periodi di transizioni, di sconvolgimenti, di pericoli, di disgregazioni sociali e anche spirituali, e solo per avere qualche riferimento cronologico sappiamo che San Benedetto nacque nel 480, quattro anni dopo la caduta dell'Impero Romano d'Occidente (476) che decretò la fine di Roma e il tramonto definitivo del Mondo Classico.

Don XX, ti propongo questo testo, ridondante e retorico nella forma ma perfetto nel contenuto: *"Come invero nei secoli passati le legioni romane marciavano per le vie consolari per assoggettare all'impero di Roma tutte le nazioni, così ora numerose schiere di monaci, le cui armi «non sono carnali, ma potenti in Dio solo» (2Cor 10,4), sono inviate dal sommo pontefice, affinché dilatino felicemente il pacifico regno di Gesù Cristo fino agli estremi confini della terra, non con la spada, non con la forza, non con le stragi, ma con la croce e con l'aratro, con la verità e con l'amore. E dovunque ponevano il loro piede queste inermi schiere, formate di predicatori della dottrina cristiana, di artigiani, di agricoltori e di maestri di scienze umane e divine, ivi stesso le terre boscose e incolte erano solcate dall'aratro; sorgevano le sedi delle arti e delle scienze; gli abitanti dalla loro vita rozza e selvaggia erano educati alla convivenza e alla civiltà sociale, e si faceva brillare davanti a loro l'esempio della dottrina evangelica e la luce della virtù. Innumerevoli apostoli, accesi di soprannaturale carità, percorsero incognite e turbolente regioni d'Europa, le innaffiarono generosamente del loro sudore e del loro sangue, e ai popoli pacificati portarono la luce della cattolica verità e santità [...]. Difatti non solo l'Inghilterra, la Francia, l'Olanda, la Frisia, la Danimarca, la Germania, la Scandinavia e l'Ungheria, ma anche non poche nazioni slave si vantano dell'apostolato di questi monaci e li annoverano tra le loro glorie e come gli illustri fondatori della loro civiltà"* (Pio XII).

In riferimento alle radici cristiane del continente europeo, il monachesimo ha quindi avuto un ruolo decisivo, e questo è innegabile e ormai assentito da parte di tutta la storiografia. Da tempo sentiamo parlare di Europa unita e di unione europea, ma se guardiamo con onestà alla storia, se è esistita un'Europa unita essa è stata l'"Europa monastica", cioè quella la cui unità si è realizzata sotto il segno del cristianesimo veicolato dal monachesimo. Ecco le radici europee, oggi tanto denigrate! Si, perché sono stati i monaci i grandi evangelizzatori dell'Europa, tanto dal punto di vista storico, quanto da quello teologico. Dal punto di vista storico perché, con la loro presenza, con la loro testimonianza e le loro opere, sono stati i primi missionari a far conoscere il Vangelo in maniera capillare in tutta Europa, inculturandolo là dove si trovavano e sostituendolo ai culti pagani dove ancora erano praticati; dal punto di vista teologico perché la spiritualità monastica garantisce a Dio la priorità su tutto, a Dio il primato nell'orizzonte dell'uomo: un umanesimo non ateo, quindi, come l'umanesimo post-illuministico e materialista largamente diffuso soprattutto oggi, ma un umanesimo autentico, condotto ed elevato alla sua verità, avendo Dio come principio e fine ultimo dell'umano, Dio come prospettiva prima ed ultima dell'uomo; la spiritualità monastica fa emergere il bisogno di Assoluto che è insito in ciascuno di noi, l'origine trascendente dell'uomo, il senso religioso dell'esistenza, la dimensione spirituale della vita, l'esigenza imprescindibile della fede, oltre che a dare, di conseguenza, il giusto valore alla persona umana e alla sua dignità. Al contrario, *"il dramma dell'umanesimo ateo"* (H. De Lubac) si impone con evidenza quando si elimina Dio dall'orizzonte dell'uomo, quando lo si rifiuta come fondamento dell'umano, e questa possibilità, che è una deriva antropologica che alla fine si ritorce contro l'uomo stesso come la storia insegna, è una contraddizione assolutamente inconcepibile e inammissibile per il cristianesimo, quindi per la spiritualità monastica. *"Se infatti non v'è trascendente, assoluto, non è possibile conferire valore trascendente, assoluto all'uomo"* (Y. Ledure).

E nello specifico, i monaci, tramite lo stato di vita che è loro proprio e li contraddistingue, hanno indicato e continuano ad indicare, ieri come oggi, in modo palese e concreto, la forma migliore e più favorevole di attuazione del Vangelo in tutte le sue esigenze, nella radicale adesione a Dio e nella totale offerta di sé; in altre parole, hanno reso possibile e perseguibile la cosiddetta perfezione cristiana, alla quale, per la verità, siamo tutti chiamati, ognuno nella sua condizione di vita. *"La vita monastica, di fatto, nella storia, è stata un luogo in cui la fede è stata accolta integralmente, ossia è stata vissuta come forma dell'esistenza [...] Una fede accolta nella sua interezza non può non generare cultura"* (A. Scola). I monaci non vogliono essere cristiani speciali, migliori di altri o superiori agli altri, ma semplicemente e autenticamente cristiani, come dovremmo essere tutti, secondo il Vangelo vissuto in pienezza; di conseguenza la vita monastica si presenta, per sua natura, come la forma radicale e paradigmatica della vita cristiana. I monaci non hanno, né pretendono di avere nessuna esclusiva, semplicemente desiderano essere un segno, una presenza che ricordi a tutti la sequela del Vangelo e le sue esigenze che coinvolgono la vita del singolo in maniera totalizzante. Qui siamo veramente nel cuore e nell'essenza dell'esperienza monastica, quindi dell'esperienza cristiana, come via per il raggiungimento di una "umanità" pienamente realizzata secondo il Vangelo e corrispondente al progetto di Dio, perché quella monastica è un'esperienza profondamente cristiana, quindi anche profondamente umana! Nel romanzo "*I fratelli Karamazov*" di F. Dostoevskij vi è una significativa testimonianza dello *Starec* Zosima: *"Noi non siamo migliori della gente del mondo per il fatto che siamo venuti qui e ci siamo chiusi fra queste mura; anzi, chiunque è venuto qui, proprio per il fatto di esserci venuto, ha riconosciuto di fronte a se stesso, di essere peggiore della gente del mondo e di tutti gli uomini della terra... E quanto più un monaco vivrà fra le sue quattro mura, tanto più profondamente dovrà rendersene conto. Perché, in caso contrario, non valeva nemmeno la pena che ci venisse [...] Questa consapevolezza è il coronamento della nostra vita di monaci, e anche della vita di ogni uomo. Giacché i monaci non sono esseri diversi dagli altri; essi sono soltanto come dovrebbero essere tutti gli uomini sulla terra".* Ma in riferimento alla ricerca della perfezione evangelica è molto eloquente anche questa affermazione di San Bernardo da collocare nel contesto del suo tempo: *"I monaci sono la parte più risplendente della Chiesa, che è tutta intera risplendente, perché essi hanno scelto la via più diretta e più sicura".* Tale affermazione ci riporta all'indicazione della *"obiettiva eccellenza"* (Vita consecrata 18c) riconosciuta alla vita consacrata, quindi anche monastica, definizione che ha acceso ampi dibattiti e riflessioni in rapporto alle altre forme di vocazione e condizioni di vita dentro la Chiesa: "*Quanto alla significazione della santità della Chiesa, un'oggettiva eccellenza è da riconoscere alla vita consacrata, che rispecchia lo stesso modo di vivere di Cristo"* (Vita consecrata 32b). In questo senso il Concilio Vaticano II e in generale il Magistero della Chiesa, riferendosi alla vita religiosa, sono arrivati a "canonizzare" il *modus vivendi* monastico, dichiarando che esso ha un posto preminente, peculiare e insostituibile nella vita ecclesiale, ed hanno affermato, direttamente e indirettamente, che il carisma monastico è praticamente e teologicamente essenziale alla Chiesa ("*Lumen gentium*" n. 44 e 46; *Sacrosanctum concilium* n. 2; "*Ad gentes*" n. 18; "*Perfectae caritatis*" n. 7 e 9; segnalo qui anche l'importante Esortazione Apostolica *"Vita consecrata"* del 1996 e l'Istruzione "*Ripartire da Cristo*" del 2002 sulla vita religiosa in generale). Come ho detto, allora, i monaci non solo storicamente, ma soprattutto teologicamente, secondo i modi loro propri, sono stati e sono tuttora autentici evangelizzatori, quindi al primo posto in riferimento alla tipicità di apostolato e di testimonianza che essi incarnano nella Chiesa e per la Chiesa e, in fondo, per tutti.

In un contesto storico che possiamo definire ancora di "prima evangelizzazione", ebbe così inizio l'avventura di San Benedetto, patrono d'Europa e riferimento principale della vita monastica in occidente come la conosciamo. Egli, partendo dal Vangelo e rifacendosi, pur indirettamente, alla Chiesa primitiva, alla prima comunità apostolica di Gerusalemme (vedi *Atti degli Apostoli*) e alle sporadiche esperienze cenobitiche a lui antecedenti o appena contemporanee, aveva organizzato una forma di vita comune veramente significativa ed incisiva, prima di tutto come modello e immagine di Chiesa: il Monastero, che lui stesso definisce *"schola Dominici servitii"*. Il monastero benedettino, che si contraddistingue essenzialmente e principalmente come scuola per imparare a cercare e a servire Dio, quindi come luogo dello spirito, come oasi di preghiera e come avamposto della fede, nei secoli successivi verrà assunto in tutta Europa anche come modello di ordinamento e organizzazione sociale, come polo di promozione umana (malati, poveri e pellegrini erano sempre accolti), come faro di riferimento per le genti e la società. In questo modo il monastero ricostruiva tutto quello che, alla fine dell'Impero Romano, si stava perdendo: risolleva una società e le dà un nuovo assetto! Di fatto il monastero era un organismo coeso e una forma di convivenza autonoma e autosufficiente, anche dal punto di vista organizzativo, logistico ed economico; una specie di "microcosmo" indipendente, di "ecosistema" autosufficiente che aveva certamente rapporti con l'esterno ma che si sostentava da sé. Ci furono periodi in cui tutto gravitava attorno ai complessi monastici (pensiamo anche solo all'enorme importanza che ebbe il movimento cluniacense, e poi quello cistercense durante il medioevo monastico e ben oltre, ma anche al meno conosciuto ma alquanto rilevante e influente monachesimo celtico-irlandese dell'alto medioevo; e poi, nei secoli successivi, i camaldolesi, i trappisti, i vallombrosani, gli olivetani, i silvestrini e altre congregazioni benedettine ora scomparse). Migliaia di monasteri furono come semi sparpagliati sul terreno del continente europeo, da sud a nord, da ovest ad est, dove misero radici e germogliò così rigoglioso e ramificato l'albero della civiltà cristiana che ancora oggi ne godiamo i frutti, forse gli ultimi rimasti.

Inoltre, San Benedetto aveva fornito ai propri monaci una base solida e sicura su cui organizzare il Monastero, ispirarne la vita in comune e la presenza "nel mondo": questa base è la cosiddetta *Regula*, che in seguito, in epoca carolingia, sarà assunta come unica Regola monastica seguita in tutto l'Occidente, in sostituzione delle numerose Regole monastiche che erano contemporaneamente diffuse ed osservate, alcune delle quali servirono da riferimento a San Benedetto stesso per redigere la sua (San Basilio, la Regula Magistri, San Cassiano, San Pacomio, San Cesario, Sant'Agostino, la Regola dei Quattro Padri, San Colombano e tante altre). La Regola di San Benedetto, rispetto ad altre piuttosto austere e severe se non rigoriste, si caratterizza per uno spiccato senso di equilibrio, di saggezza e di discrezione; per questo essa lascerà ovunque tracce profonde. *"Nel monastero o nell'abbazia, Benedetto inventa un modello di vita sociale, costruisce un microcosmo, un nucleo di società, che poi si irradia e si moltiplica. In questo senso, la sua celebre Regola è un codice di condotta personale per l'elevazione dell'anima, ma è anche il germe di un ordinamento politico, di una costituzione sociale, di un ordine morale e di costume civile"* (M. Pera).

Dopo il fallimento nei secoli scorsi di modelli sociali rivelatisi utopistici, ai nostri tempi, di nuovo, in un contesto di ri-evangelizzazione o di nuova evangelizzazione, di fronte ad un paganesimo di ritorno, ad un'evidente crisi antropologica, etica e sociale, ad un laicismo prepotente divenuto dogmatico e ad una sempre più diffusa apostasia del cristianesimo in una *"Europa che odia se stessa e ciò che sta alla base della sua civiltà"* (Benedetto XVI), sentiamo tutti la necessità di agganci e riferimenti sicuri, come lo furono il Monastero e le Regola, per non cadere nel disorientamento sotto tutti i fronti. Sembra che il paganesimo, che grazie ai monaci venne superato e convertito in cristianesimo, sia tornato a propagarsi di nuovo nel mondo occidentale che, come ha affermato il Papa emerito, ha perduto di vista le proprie radici cristiane e l'ideale della sua unità spirituale. *"Abbiamo bisogno di uomini come Benedetto da Norcia il quale, in un tempo di dissipazione e di decadenza, mise insieme le forze da cui si formò un mondo nuovo. Così Benedetto, come Abramo, diventò padre di molti popoli".* (J. Ratzinger)

Don XX, ne sei certamente consapevole: è in un contesto di secolarizzazione e non di cristianità che ti trovi a vivere il tuo sacerdozio, anche come scelta impopolare, percepita con diffidenza e quasi incomprensibile a molti. Per di più, il contesto culturale nel quale viviamo si caratterizza non più solo per un clima di indifferenza religiosa, ma ora anche per un'agguerrita e mirata battaglia ideologica antireligiosa, in particolare anticristiana e più ancora anticattolica. Il mondo contemporaneo pone di continuo vere e proprie sfide alla fede e ad ogni visione soprannaturale della vita, perciò nella tua vita sacerdotale abbi presente questo sfondo culturale (che in realtà è anti-culturale), per discernere e impostare con saggezza ogni tua azione pastorale, perché sia sempre adeguata ai tempi che si vivono, al presente. Sei sacerdote, siamo sacerdoti in questo tempo e per questo tempo segnato da smarrimenti, confusioni e incertezze. Non si deve rimpiangere nostalgicamente ciò che è passato, ma nemmeno tradirlo; né sognare illusoriamente ciò che non esiste, ma nemmeno rinunziarvi: è questo presente, l'oggi, che va assunto e interpretato, se mai facendo tesoro del passato per preparare un futuro, si spera, migliore. *"Se San Benedetto è rimasto sempre attuale, se il suo insegnamento non ha perso la sua validità, tale fatto dipende da una premessa decisiva: la Regola propone un cristianesimo esigente e vero, genuino e aperto. Attraverso capitoli straordinari si incontra un messaggio costante: il ritorno a Dio, attraverso il Cristo. È un volto del desiderio di Dio che pervade tutta l'esistenza di chi è chiamato a vivere in monastero, guidato dal Vangelo, per ducatum Evangelii"* (R. Grégoire).

Mi sono prolungato un po' in questa ampia introduzione, ma mi sembrava opportuna e importante! Per quanto ci riguarda, allora, vi furono uomini che, per amore di Cristo, decisero di vivere e far vivere autenticamente le genti che incontravano evangelizzandole secondo la proposta di vita e la spiritualità della Regola benedettina. Essa non è immediatamente un "regolamento", un insieme di leggi e di norme come un codice giuridico o legislativo propriamente detto, anche se, di fatto, ha lo scopo di disciplinare la vita dei monaci nel monastero, ma nello spirito, nella sua finalità ultima, essa è un "insegnamento di vita" in senso lato, una "scuola di vita cristiana", un percorso di perfezione cristiana secondo il Vangelo. In ultima analisi, la Regola benedettina non è altra cosa rispetto allo stesso Vangelo, ma ne è una rielaborazione originale, un insegnamento spirituale e pratico che aiuta a comprendere più profondamente il Vangelo di Gesù e a viverlo davvero in pienezza e in tutta la sua radicalità in una vita autenticamente cristiana. *"Dovremmo ammettere che una vita cristiana la quale tenda e almeno aspiri a potersi chiamare tale dovrebbe tendere a configurarsi ad una vita monastica per analogia"* (A. Peratoner). La Regola insegna, quindi, a cercare Dio e a mettersi al suo servizio vivendo il Vangelo: questa è l'intenzione originaria di San Benedetto. Tra l'altro, nella storia della Chiesa, riconosciute le specifiche intenzioni e finalità, i singolari carismi e le diverse spiritualità di ciascun fondatore o fondatrice di molti ordini religiosi, possiamo dire che è difficile trovare una forma di vita consacrata e religiosa che non abbia attinto qualcosa dalla Regola benedettina, dall'esperienza monastica e dalla sua spiritualità, quasi come originario modello di riferimento per le numerose congregazioni e i nuovi ordini che successivamente sono nati e si sono diffusi e, non ultimo, anche per il clero secolare.

È celebre il programma monastico benedettino: *ora, lege et labora* (non solo *ora et labora*, ma *ora, lege et labora*), cioè prega, leggi e lavora: tre imperativi che sintetizzano tutta la vita monastica, tre pilastri sui quali si è edificata un'intera civiltà, la nostra. Potremmo dire che San Benedetto e i monaci testimoniarono la verità del Vangelo con la Croce, con il Libro e con l'Aratro, cioè con la preghiera *(ora)*, con lo studio *(lege)* e con il lavoro *(labora)*. Cosa può dire questa Regola al presbitero diocesano, a te, don XX, sacerdote novello, a me, a noi preti secolari che viviamo in un mondo così diverso ma altrettanto difficile? Cosa possono suggerire alla nostra vita sacerdotale questi tre cardini della spiritualità monastica benedettina?

Con la Croce.

Innanzitutto questo: in mezzo agli uomini del secolo i monaci furono uomini di Dio, uomini che appartenevano a Dio. *"Monaco è colui che guarda solo a Dio, desidera solo Dio, si dedica solo a Dio, sceglie di servire solo Dio e, vivendo in pace con Dio, diventa autore di pace per gli altri"* (Teodoro Studita). Dal momento che non mi piace menare il can per l'aia, centriamo subito l'argomento: non è questa anche l'identità e la missione del sacerdote? Oppure, secondo te, è una definizione esagerata per il sacerdote secolare? Forse, ma essa definisce la sua profonda e autentica identità: uomo di Dio in mezzo agli uomini. I monaci furono uomini di Dio perché con la Croce, cioè con il "senso" e la "forma" di Cristo concorsero non solo al bene della Chiesa e allo sviluppo e al progresso della vita pubblica e privata; con la Croce furono uomini di Dio perché soprattutto cercarono Lui, si donarono totalmente a Lui amato al di sopra di tutto, si misero al suo servizio; di conseguenza misero al primo posto l'imperativo *ora,* cioè prega, e non altro. Dio innanzi tutto, Dio sopra tutto, tanto per i monaci quanto per i sacerdoti. Don XX, ricordalo ogni giorno! Perché di questo, in fondo, si ha urgenza: che Dio si renda presente, che l'Invisibile si manifesti e diventi visibile dentro i gesti, i pensieri e le parole con cui quotidianamente si plasma la vita del sacerdote e attraverso i quali egli santifica se stesso e gli altri. Tutto il suo essere deve parlare di Lui e indicare Lui. Questo cercano le persone nel sacerdote: che sia prima di tutto e veramente uomo di Dio, che sia testimone della sua Presenza. Se non è così, o chiedono al prete cose sbagliate o, peggio, siamo noi preti che offriamo loro cose sbagliate; e quando, come in questo caso, domanda e offerta coincidono, furbescamente si può approfittare dell'occasione e giocare al ribasso in maniera accomodante, riducendo tutto a *panem et circenses*... Tutti sarebbero ugualmente contenti, eccome, perché la gente comune si lascia condurre, cerca una guida, un capo, e basta poco per accattivarsene il favore ed il consenso, soddisfacendo i suoi appetiti (Gv 6,14-15), ma così si tradisce lo scopo del nostro ministero che non è riempire il ventre della gente, si devia la ricerca di senso, si elude il bisogno di verità, si distrae l'attenzione da ciò che è prioritario (Gv 6,26-28). No, dobbiamo tenere alto l'obiettivo! Bisogno e ricerca di Dio nella Regola sono ben sintetizzati nell'espressione "*quaerere Deum*", in quanto la vita monastica benedettina si caratterizza essenzialmente per una fortissima ricerca di Dio, naturalmente sulla via tracciata da Cristo, e per analoga ragione il monaco potrebbe essere sicuramente definito come *homo quaerens,* uomo in ricerca. *"Dobbiamo essere specialisti nella ricerca di Dio"* ripeteva frequentemente Dom Leclercq ai monaci. Tanto è vero che, per San Benedetto, il principale criterio di discernimento di un'autentica vocazione monastica è proprio l'esplicita ricerca di Dio, e come primo elemento di verifica egli afferma che si deve accertare il motivo per cui un candidato si presenta in monastero, cioè se cerca veramente Dio, *"si revera Deum quaerit"*. Come il monaco, anche il sacerdote, nella sua vita personale e spirituale come persona consacrata, non può dare per scontata la ricerca di Dio, magari ritenendo, in quanto prete, di possederlo già e ormai una volta per tutte (cosa impossibile e grave peccato di presunzione). *"Vivere è cercare Dio; vivere veramente è trovare Dio!"* (Cfr. "*Lettera ai cercatori di Dio*" della C.E.I.). Questa ricerca è una dimensione della fede oltre che un atteggiamento esistenziale, e va tenuta sempre aperta, anche per il prete, perché le persone, almeno quelle serie e motivate che sono nella medesima ricerca di Dio e quindi desiderose di vivere le autentiche esigenze della fede, a loro volta abbiano modo, se non già di trovarlo, quanto meno di imparare a cercarlo veramente attraverso la testimonianza e la coerenza di vita del sacerdote. Non credi sia così? Ha senso la vita di un sacerdote se egli nel mondo e agli altri porta solo l'umano a discapito del divino? Non è forse vero che ci sono sacerdoti, pur encomiabili nel loro impegno, che però interpretano e vivono il loro ministero in modo "secolarizzato", oppure si riducono ad "animatori sociali" o ad "operatori socio-assistenziali", più o meno religiosamente ispirati? Non è riduttivo questo ruolo? (Così, tra l'altro, non si farebbe che assecondare, più o meno direttamente, il malinteso in base al quale oggi molti considerano e pretendono la Chiesa, come erogatrice gratuita di servizi e prestazioni "usa e getta" a cui rivolgersi di volta in volta in base ai bisogni del momento). Va bene tutto il resto, ma Dio prima di tutto, come *Unum necessarium* della vita, di quella delle persone, di quella del monaco, di quella del sacerdote. *"Fugitiva relinquere et aeterna captare!"*, così affermava San Bruno, fondatore dei monaci certosini, circa il superamento di tutto ciò che si oppone al primato di Dio e all'unione con Lui: dietro il provvisorio si cerca il definitivo! Anche il versetto di San Paolo che hai scelto, don XX, per la tua Ordinazione sacerdotale: *"Io ritenni di non sapere altro in mezzo a voi se non Gesù Cristo e questi Crocifisso"* (1Cor,2), va, penso, proprio in questa direzione: il sacerdote uomo di Dio perché mette al primo posto Cristo e la sua Croce, di cui è testimone. *"Nutrice di santi, la madre Chiesa presenta ai suoi figli, come maestri di vita, coloro che, con uno splendido esercizio di virtù, hanno seguito fedelmente Cristo, suo sposo, affinché, imitando il loro esempio, possano pervenire ad una perfetta unione con Dio, pur tra le varie vicissitudini terrene, e raggiungere così il proprio fine"* (Giovanni Paolo II). C'è un testo classico della letteratura monastica, di Dom Marmion, che è una raccolta di conferenze spirituali in commento alla Regola, intitolato *"Cristo ideale del monaco"*: alla parola monaco immagina di sostituire la parola sacerdote e il nocciolo della questione non cambia!

Don XX, ho insistito molto su questo aspetto perché è basilare. Nella spiritualità monastica il primato di Dio è messo in risalto e affermato in maniera eloquente soprattutto per mezzo dell'"*Opus Dei*", dell'"opera di Dio", compito primario del monaco, che possiamo tradurre, semplificando, con preghiera, ma è molto di più e non è facile spiegarlo. *Opus Dei* significa che Dio opera, fa qualcosa, quindi è, prima di tutto, opera sua, cioè azione di Dio in noi, è Dio che agisce in noi; ma, allo stesso tempo, è anche opera nostra, è compartecipazione alla sua opera, è stare davanti a Lui e lasciare che Egli agisca in noi, è azione nostra nei suoi confronti, quindi è preghiera, è culto diuturno, è orazione continua e lode ininterrotta che permea tutta la vita del monaco; è sentirsi sotto il suo sguardo amorevole, è restare sempre orientati verso di Lui e dimorare in Lui e nella sua volontà, è tensione contemplativa, è adorazione in Spirito e verità, ecc. (Gv 4,23). Nel monastero e nel monaco tutto diviene culto, tutto è *Opus Dei,* perché al centro di tutto c'è Dio che opera e tutto è ordinato in funzione di Lui, tutto è riflesso della sua opera, per cui il monaco diviene *"operarius"* come afferma San Benedetto, e il monastero diventa *"opificium"*, come azzardo di affermare io. Con questa "opera di Dio" (culto, lode di Dio, preghiera, spiritualità, vita), quindi ancora con la Croce, i monaci cementarono quell'unità spirituale in forza della quale popoli divisi si compresero come popolo di Dio, riconoscendo nella Croce di Cristo la propria identità. L'imperativo *ora* richiama anche noi a non anteporre nulla all'opera di Dio *(Operi Dei nihil praeponatur,* è scritto nella Regola*),* che è appunto quell'opera, quell'azione quotidiana e perseverante tesa ad affermare Dio in ogni circostanza, a vivere costantemente alla sua presenza, a stabilire in Lui inizio e compimento di ogni attività. In altre parole, a essere uomini di preghiera, capaci di pregare! Garantita a Dio la priorità, nella sua preghiera il monaco allarga poi il cuore e la mente per abbracciare tutta l'umanità, soprattutto quella povera e bisognosa, in una solidarietà universale che ha la sua ragione nella forza e nell'efficacia della preghiera stessa. Concretamente, l'*Opus Dei* monastico si esplicita primariamente, ma non solo come abbiamo detto, nella forma della preghiera corale, dell'Ufficio divino, cioè nella preghiera della Liturgia delle Ore per la santificazione del tempo e per dare a Dio, lungo la giornata, il tempo (tutto...) ed il culto (sempre...) a Lui dovuti; questa è la prima attività del monaco! Una preghiera che è prima di tutto puro servizio divino. *"È proprio nell'Ufficio quotidiano che una comunità monastica testimonia che la ricerca di Dio è tutta la sua vita"* (M. Heim). Pure il Sacerdote ha il suo "opus Dei", che è la recita del Breviario a cui è tenuto per obbligo canonico, più "breve", appunto, rispetto all'Ufficio monastico, ma da esso ne deriva l'origine, lo spirito e la struttura. Il dialogo con Dio dentro questa forma ufficiale ed ecclesiale di preghiera, ma soprattutto il dialogo intimo con Lui nella preghiera personale, è momento essenziale, tanto per il monaco, quanto per il sacerdote, per fissare lì il proprio centro di gravità, l'unità della sua persona. A volte la preghiera è faticosa e arida, e più che esperienza di Dio spesso si fa esperienza del suo silenzio e della sua assenza *(Deus absconditus)*: serve davvero una fede profonda e robusta che ha quasi l'arditezza, il brivido e il rischio di una *"scommessa"* (B. Pascal), ma da qui si intuisce che il sacerdote è uomo di Dio, uomo di preghiera, uomo spirituale, perché opta liberamente e senza esitazioni per questo atto di fede decisivo e fondamentale in Dio, e riconduce tutto quello che fa al suo senso più vero e definitivo, che è Cristo, criterio primo ed ultimo di tutto il suo essere, come afferma San Paolo: "*Radicati e costruiti su di Lui, saldi nella fede*" (Col 2,7). Ecco tutto! Questo orientamento è fondamentale! Perché e a che scopo si è sacerdoti, si è offerto una vita, se così non fosse? Il sacerdote decide di appartenere a Cristo perché da Lui è stato scelto (Gv 15,16), e a sua volta a Cristo si offre senza trattenersi né trattenere nulla per il bene della Chiesa e dei fratelli. Nel sacerdote vita e ministero non sono separabili, non sono due dimensioni diverse. Mantenerci in questo orientamento è tutt'altro che facile, don XX, ma dobbiamo provarci, dobbiamo esercitarci come in un allenamento continuo ed intensivo.

L'offerta di sé a Dio richiama naturalmente l'offerta per eccellenza che è il Sacrificio della S. Messa, memoriale della Pasqua del Signore. La celebrazione dell'Eucarestia, insieme alla Liturgia delle Ore, è altrettanto centrale nella giornata monastica. Nella Regola benedettina non c'è un esplicito riferimento all'Eucarestia, ma la celebrazione quotidiana della Santa Messa, in un contesto di bellezza liturgica che è solenne e austera allo stesso tempo, è un altro dei cuori pulsanti della vita di ogni monaco. Di per sé la professione monastica non implica necessariamente l'Ordine sacro, ma oggi la maggior parte dei monaci sono anche sacerdoti, e la cosa non è in contraddizione, tutt'altro! Per un monaco l'ordinazione sacerdotale e la celebrazione dell'Eucarestia mettono ancora più in rilievo la sua scelta di vita, nella logica dell'appartenenza a Cristo e della totale donazione di sé. "*Sei l'offerente e l'offerto, colui che riceve i doni e che in dono ti dai*" (San

Giovanni Crisostomo). San Benedetto precisa che il monaco, quando emette i voti, deve porre sull'altare, al momento dell'Offertorio, il documento della sua professione, per essere offerto a Dio Padre insieme al sacrificio di Cristo. Perciò, in un senso molto reale, l'offerta quotidiana della Messa è una rinnovazione, da parte del monaco, della sua offerta a Dio, del suo *"Suscipe"* pronunciato al momento della professione solenne. Quindi, sul binomio appartenenza-donazione si basa tutta la vita del monaco (come quella del sacerdote!), e nella misura della fede, la sua stessa vita cambia radicalmente, anche la sua libertà: si pensa, si agisce, sia ama, si lavora e si dà tutto di sé in un modo completamente diverso, unico, specifico, proprio della persona consacrata. Per questo la risposta ad una chiamata così grande implica, appunto, una vita consacrata a questo scopo.

Ma riguardo all'Eucarestia, quindi alla celebrazione della S. Messa e della liturgia in generale, permettimi, don XX, solo una piccola nota: quanto faticoso per un sacerdote che celebra e presiede a nome della sua comunità e per il bene della sua comunità, non scadere in una vuota e replicata recitazione, come un attore davanti ad un pubblico! Sincera devozione e fede, tensione spirituale e preparazione interiore sono i presupposti minimi per la celebrazione della S. Messa: non si "recita" la S. Messa, magari freddi e distaccati, senza coinvolgimento personale, se mai la si "celebra", recuperando decoro liturgico e profondo senso del Sacro, meglio ancora la si "vive", immedesimandosi nel Mistero celebrato e conformandosi ad esso, rinnovando l'offerta *(oblatio)* di sé e della propria vita in unione a quella di Cristo al Padre per il bene spirituale della propria comunità e di tutta la Chiesa. *"La Messa è un'avventura mistica di portata incalcolabile"* (G. Calvet). Forse alcuni monaci solitari o eremiti che ancora oggi celebrano la *Messa senza il popolo* (capita a volte anche ai sacerdoti), in solitudine, ma nello stesso tempo presentissimi alla Chiesa e al mondo, hanno la possibilità di far emergere e vivere più da vicino questa dimensione profonda, che non scade mai nell'intimismo o nel devozionalismo, perché ciò che celebrano è sempre un atto ecclesiale e perché la loro preghiera mantiene sempre un respiro universale. Dal momento che i monaci sono interiormente ed esteriormente modellati dalla liturgia e tutta la loro vita è, di per sé, una liturgia, essi le dedicano molta attenzione e così, don XX, dovremmo fare altrettanto anche noi. Certo, il loro contesto è molto diverso dal nostro e favorisce un appropriato clima liturgico; so benissimo, anche per esperienza, che tra l'ideale ed il reale c'è una grandissima differenza, c'è tensione, incoerenza, come tra le migliori intenzioni e i fatti concreti, quindi so benissimo che, da parte nostra, non è facile garantire ogni volta tutta questa attenzione e sensibilità liturgica, soprattutto quando, per esempio la domenica e nei giorni festivi, le S. Messe da celebrare sono almeno due, se non tre, addirittura quattro per chi ha la responsabilità di più parrocchie; e quante volte, si è costretti a celebrare guardando, oltre al messale, anche all'orologio, perché si deve finire in fretta per ripartire velocemente, in macchina, e raggiungere l'altra parrocchia, o le frazioni, per la S. Messa successiva; o quando ancora si sta poco bene, magari con la febbre, e la mattina ci si deve alzare lo stesso col mal di testa perché ci sono le S. Messe da celebrare e non c'è nessuno che ti sostituisce; o quando, ancora, come nelle parrocchie più piccole o nelle Messe feriali, la gente è poca e non sempre è partecipe, non sempre canta, a volte mancano i lettori, a volte i chierichetti, ecc. In questi casi, spesso, non si vede l'ora di arrivare alla fine e annunciare: *"Andate in pace!"*. Ci si santifica anche così, anche in questi casi, ma se già il reale, talvolta, è quello che è, cerchiamo di non abbassare l'ideale, almeno nelle intenzioni...

In ogni liturgia, ma soprattutto nella celebrazione eucaristica, noi sacerdoti dobbiamo certamente adottare attenzioni e accortezze pastorali che favoriscono una presenza partecipe e ben disposta dell'assemblea, della nostra gente, dei nostri parrocchiani (il riferimento è all'*"actuosa participatio"* di cui però occorre capirne bene l'autentico significato, non riducibile a pura e semplice esteriorità); ma, allo stesso tempo, non dobbiamo arrivare per questo a banalizzare o ad infantilizzare la liturgia, a lasciarla all'improvvisazione, o ad adattarla di volta in volta, attraverso mille espedienti e tecniche di animazione, per renderla più accattivante, più piacevole, più attraente in base alle situazioni o agli stati d'animo; così la si rende solo ridicola, si cade nell'errore di trasformarla in una parodia, in un intrattenimento come tanti, pur a sfondo religioso. La liturgia non è un laboratorio tipo "bricolage" o "fai da te" dove ognuno si può sbizzarrire artificiosamente come meglio crede, sperimentando come vuole secondo le proprie originalità, peggio ancora adducendo, per sostenerle, giustificazioni pseudo-teologiche o pseudo-pastorali che non stanno né in cielo né in terra! Oltre al culto a Dio, l'altro fine della liturgia è la santificazione dei fedeli, quindi ogni azione liturgica è azione di Dio, non nostra; non siamo noi i protagonisti ma è Lui che agisce attraverso noi celebranti per rendere sempre attuale ed efficace il mistero della salvezza, perciò non abbiamo il diritto di sminuire, svuotare e manipolare *"i santi misteri" (mysteria)* ma riconoscerli e garantirli, ed in essi introdurre i fedeli (funzione mistagogica). La liturgia riceve la sua grandezza ed il suo valore da ciò che essa è ed esprime, non da ciò che noi pretendiamo di farne, a volte insistendo eccessivamente sulla dimensione orizzontale a scapito di quella verticale. Prima di essere davanti alla gente noi siamo davanti a Dio e davanti a Lui dobbiamo portare la gente, non davanti a noi: i fedeli vanno guidati verso Cristo, non verso di noi; anzi, noi sacerdoti e tutti i fedeli, insieme, con tutto noi stessi, orientati verso il Signore, invocando il suo ritorno e nell'attesa della sua venuta, finché si compia la beata speranza! Il primato di Dio è il primo criterio liturgico da salvaguardare e dal quale dipende tutto il resto. Dovremmo tenere ben presente che il fondamento della liturgia non è antropologico, tanto meno sociologico, ma è teologico, quindi non dipende da noi, né dal nostro soggettivismo tanto meno dalla nostra arbitrarietà o stravaganza; e vige poi una normatività liturgica che rimanda alla forma fondamentale della fede cristiana, e una *Traditio* ecclesiale che la assicura e a cui dobbiamo attenerci, per evitare aberrazioni o vere e proprie profanazioni che nella maggior parte dei casi nemmeno ci si accorge più di commettere. Per di più, la liturgia è già di per sé ricca di gesti, di riti, di segni, di luoghi e di spazi che parlano da soli se siamo capaci di valorizzarne appieno la portata simbolica ed il significato. Bastano quelli che ci sono, non c'è alcun bisogno di inventarne altri, pantomine comprese! Anzi, il rispetto dell'uniformità del rito liturgico manifesterebbe tanto l'unità e la comunione dell'unica Chiesa quanto preserverebbe dal pericolo di deformazioni che alla fine i fedeli si trovano costretti a subire. Ecco perché, come ho detto, le liturgie monastiche, di solito, sono essenziali ma certamente ben curate in tutti gli aspetti, austere ma solenni nel medesimo tempo, perché attraverso la qualità celebrativa, il valore e il senso del sacro vogliono essere un vero culto a Dio e condurre all'incontro con Lui, non solo portando qui in terra un pezzo di paradiso prefigurando l'eternità, anticipando nel tempo la liturgia celeste, ma anche proiettando la terra verso il paradiso, travalicando il tempo e posticipando, come in una profezia della fine, la liturgia terrena verso quella celeste ed eterna alla quale aneliamo (esito escatologico). Bellezza e solennità non sono da confondere con ritualismo o sterile estetismo: questi ultimi sono solo caricature, tanto quanto le originalità, le deformazioni e gli abusi. Nelle celebrazioni monastiche la qualità e lo scopo della liturgia sono favoriti anche dal tipico canto monastico che è il canto gregoriano, che di per sé è ufficialmente anche il canto proprio della liturgia della chiesa cattolica latina; è un canto di antica tradizione, esclusivamente biblico nei testi, certamente impegnativo ma non noioso (lo è solo per gli ignoranti), suggestivo, evocativo e di altissimo valore musicale e profonda spiritualità; un canto mistico che apre alla trascendenza: è musica sacra che ha come fine quello di portare il fedele, sia che canti sia che ascolti, ad aderire in anima e corpo al mistero liturgico che si celebra e ad elevarsi spiritualmente fino al cielo, fino a Dio. Per conseguire questa finalità liturgica, nella logica vincolante della *lex orandi - lex credendi*, non è necessario ritornare alla liturgia antica, assolutamente legittima *(Vetus Ordo)*, piuttosto a una liturgia che usi abitualmente il messale riformato da Paolo VI *(Novus Ordo)*, ma che recuperi il primato di Dio, il senso del sacro, il decoro, il silenzio, il giusto clima spirituale che, meglio garantiti nella liturgia antica (questo si!) e in quella monastica, sembrano invece assenti o comunque divenuti secondari e superflui in molte delle nostre celebrazioni. E mi sembra possano essere tre gli accorgimenti liturgici che meriterebbero di essere ripristinati anche da noi preti diocesani in cura d'anime: l'altare "orientato" (dove è possibile), il recupero della lingua latina (almeno in parte) e la Comunione ricevuta in ginocchio dai fedeli (assai opportuna). Questi e gli argomenti di cui sopra andrebbero approfonditi a parte in altro luogo, in quanto le questioni liturgico-rituali sono sempre e soprattutto questioni teologiche! Il fine è di riportare la liturgia alla sua natura più autentica, quindi non è un "tornare indietro" nostalgico, ma è restituirle ciò che le è stato sottratto, ciò che la identifica come tale; è riconsiderare la Liturgia come fonte di spiritualità, come sorgente e cuore della preghiera della chiesa. Questa auspicata e urgente "riconciliazione liturgica" o "riconversione liturgica", ne sono convinto, può essere raggiunta concretamente, con pazienza e perseveranza, anche attraverso l'adozione di alcune forme proprie e tipiche della plurisecolare tradizione liturgica monastica, quanto meno di quel monachesimo non snaturato e deviato ma autentico e radicale.

Allora, don XX, il monastico *ora* significa che, in quanto sacerdote, sei uomo di Dio perché hai scelto Lui come fine ultimo della tua vita e sei stato scelto da Lui per una missione singolare: essere nella Chiesa segno e strumento vivo di Cristo Crocifisso al quale ti sei conformato con l'Ordinazione sacerdotale e al cui sacerdozio d'ora in poi sei reso partecipe. Scelto da Lui perché è Lui che ti ha chiamato e ti ha preparato per questa missione per il bene e a servizio della Chiesa, e ti ha donato lo Spirito Santo per realizzarla nella tua vita. Uomo di Dio perché chiamato a rendere presente, nelle tue parole e nel tuo modo di vivere, il volto paterno di Dio; ma soprattutto nella celebrazione dell'Eucarestia e dei Sacramenti, nell'annuncio della sua Parola e nell'esercizio della carità testimonierai al popolo di Dio che ti è affidato che Cristo è la risposta al desiderio di bene e di verità che è in ogni persona. Perciò chi t'incontra abbia la possibilità di accorgersi che Lui è il senso della tua vita, è principio e fine delle tue scelte, è Colui al quale ogni giorno consegni la tua esistenza, è la ragione della tua serena perseveranza nella vita sacerdotale. Come San Paolo dovremmo anche noi riuscire a dichiarare, con le parole e con la vita: *"Per me vivere è Cristo"* (Fil 1,21). In queste ultime e concise affermazioni ho richiamato brevissimamente quanto puoi trovare nei numerosi Documenti magisteriali riguardanti il presbitero, tra i quali i più importanti sono: il Decreto *"Presbyterorum Ordinis"* del 1965, l'Esortazione Apostolica *"Pastores dabo vobis"* del 1992, il *"Direttorio per il ministero e la vita dei presbiteri"* del 1994 e quello del 2013, l'Istruzione *"Il presbitero, pastore e guida della comunità parrocchiale"* del 2002, la *"Lettera ai sacerdoti italiani"* della C.E.I. del 2006, la "*Lettera del Santo Padre Benedetto XVI per l'Indizione dell'anno sacerdotale"* del 2009 e altri ancora.

Sicuramente hai meditato su questo testo, riassuntivo per noi, della "*Pastores dabo vobis*": *"Il sacerdote è l'uomo di Dio, colui che appartiene a Dio e fa pensare a Dio ... I cristiani sperano di trovare nel sacerdote non solo un uomo che li accoglie, che li ascolta volentieri e testimonia loro una sincera simpatia, ma anche e soprattutto un uomo che li aiuta a guardare Dio, a salire verso di Lui. Occorre dunque che il sacerdote sia formato a una profonda intimità con Dio".* Quest'ultima frase: *"formato a una profonda intimità con Dio"*, introduce un altro aspetto proprio della spiritualità monastica, ma indispensabile anche al sacerdote secolare. Autenticamente uomo di Dio si è quando ci si allena ad una profonda intimità con Lui, come l'amico cercato, come l'amato della propria anima. Questa intimità profonda è ciò che i monaci esprimono attraverso il concetto dell'"*habitare secum*", in riferimento a quanto racconta San Gregorio Magno nel secondo libro dei *Dialoghi* circa il forte bisogno di solitudine che San Benedetto sentiva negli anni dello speco: *"E se ne tornò alla grotta solitaria che tanto amava, ed abitava lì, solo con se stesso, sotto gli occhi di Colui che dall'alto vede ogni cosa". Habitare secum* vuol dire rimanere con sé stessi come condizione per ritrovare Dio dentro di sé, prevalentemente nella solitudine e nel silenzio. Il silenzio e la solitudine favoriscono l'unione con Dio: quando mai nella vita del prete si riesce a fare esperienza di solitudine e di silenzio? In rare occasioni... anzi, oggi sono ritenuti atteggiamenti sospetti da evitare con diffidenza. Tra l'altro, solitudine e silenzio interiori sono anche lo scrigno più bello in cui si custodisce il celibato, come una perla preziosa, come un tesoro intimo, nascosto, profondo. Questa profonda e silenziosa solitudine interiore è il prezzo che deve pagare chi è chiamato ad amare il Signore con tutto il cuore, senza compromessi; è un prestito di fiducia e d'amore che si fa a Lui ma che è Lui stesso a garantire e che ci restituirà moltiplicato (Mt 19,27-29).

Anche per il sacerdote è spiritualmente salutare l'esperienza dell'*habitare secum*, che è ritiro nel segreto, raccoglimento personale, umile coscienza di sé, vigilanza e custodia del cuore, esperienza di libertà nella clausura interiore; è tornare nel "deserto" dove Dio parla al cuore (Os 2,16) e dove la fede e la vocazione vengono saggiate e purificate come oro nel crogiuolo (Sap 3,6). Si custodisce così un'intima amicizia con Lui ed un'autentica vita spirituale, così si riafferma la prevalenza dello spirito su tutto il resto e si favorisce un rapporto veritiero con Dio, con le persone e con le cose. Ideali? Belle parole? No: impegno ascetico vero e proprio! Di nuovo l'esperienza e la spiritualità monastica ci richiamano all'essenziale, che va poi vissuto nelle necessarie e irrinunciabili attività del prete e del suo ministero diretto, ma non dovrebbe capitare di invertire le cose tralasciando il primo per inseguire le seconde. Sembra paradossale, ma è proprio nell'*habitare secum*, nello stare prima di tutto da soli con sé stessi che poi le relazioni con gli altri diventano più autentiche e vere, diventano più sensate le nostre attività. La vita nascosta vissuta da Gesù a Nazareth prima della sua vita pubblica è emblematica: *"Nazareth è, prima dell'azione, il lungo tempo della preparazione, della preghiera, del sacrificio; il tempo del silenzio, della vita intima con Dio; il tempo della lunga solitudine, della purificazione, della conoscenza degli uomini, dell'esercizio del nascondimento: di ciò che conta, insomma, per dirsi cristiano. Da Nazareth uscirà l'apostolo"* (C. Carretto). Oggi il sacerdote, sempre più impegnato in mille faccende che a volte sfiancano e logorano, ha estremo bisogno di spiritualità e di vita interiore, di cui per la verità ne hanno bisogno tutti, e che *"lo sviluppo della vita moderna soffoca mentre lo risveglia, delude mentre lo fa cosciente"* (Paolo VI). Una profonda e solida spiritualità, come quella monastica, offre proprio ciò che manca ai nostri tempi: riempie il vuoto interiore e compone la frammentarietà e la spersonalizzazione dell'esistenza. Sì, perché in alcuni momenti proprio così ci si sente: frammentati, divisi, destrutturati come i personaggi dei quadri cubisti di Picasso; in altre parole, si fa esperienza dell'inautenticità. Il monachesimo è una reazione radicale contro questo stato di cose. Il monaco, proprio perché *"monos"*, è uno, semplificato, unificato in una coerenza interiore ed esteriore, è l'uomo che esprime con la sua vita una sintesi profonda perché in lui spirito, mente e corpo sono integrati in un medesimo fine, calamitati da un medesimo centro di gravità, incondizionato e totalizzante: Dio! *"Diventare monaco con un cuore unificato, centripeto in un mondo centrifugo, è già un contributo in sé alla nostra società"* (N. Wolf).

Nell'esperienza monastica ciò che contribuisce in maniera decisiva a questo processo di unificazione interiore, è anche il trinomio su cui si basa tutta la spiritualità benedettina e su cui è equamente suddivisa la tipica giornata monastica, cioè l'insieme delle tre parole (o momenti, o ambiti) *ora, lege et labora* di cui ti ho parlato all'inizio. Anche su questo ho riflettuto e sono giunto alla conclusione che in questa formula, come in una formula di un farmaco o di un medicinale, è contenuto il principio attivo del benessere totale (espressione molto in voga oggi, ma ambigua perché quasi sempre intesa in senso salutista), ovvero della salute spirituale, mentale e fisica della persona che assume in maniera corretta questo farmaco. Infatti, se ci si pensa bene, in questa formula sono coinvolte, in un armonico equilibrio, tutte le facoltà dell'uomo, cioè tutte le sue possibilità e attività sia spirituali, sia intellettuali, sia fisiche, a cui il farmaco va a beneficio. Ecco come: la parola *ora* coinvolge lo spirito, quindi l'anima, la psiche ed il cuore dell'uomo *(psiché)*; nella parola *lege* è implicata la mente, ovvero l'intelletto, la ragione, l'intelligenza *(noûs)*; e nella parola *labora* è coinvolto il corpo, quindi il fisico, la carne, la materia *(sarx)*. Il trinomio della regola di vita benedettina, perciò, va a beneficio dell'uomo, di tutto l'uomo; l'uomo in ciò che è e in ciò che lo costituisce come tale. Questa tripartizione, quindi, non è causa di separazione e di scissione perché la persona è una e indivisibile, piuttosto esprime reciprocità e simbiosi, come in un rapporto mutualistico e arricchente che concorre all'unificazione del monaco. Se tutto ciò è vero, allora una persona così curata, risanata e rigenerata da questo farmaco è una persona veramente umanizzata, perché è unificata e ricomposta in integrale armonia. Questo esito, però, don XX, pur positivo, rimane fortemente equivoco e discutibile se non lo si inquadra dentro al progetto originario di Dio sull'uomo, creato a Sua immagine e somiglianza; infatti, espressioni come benessere, felicità, equilibrio, unificazione, armonia interiori di cui si parla spesso come "percorsi di umanizzazione" (espressioni derivanti dal monachesimo asiatico e mutuati dalle sue tecniche di meditazione), per noi cristiani devono essere sempre intese *in forma Christi,* e quindi, cristianamente parlando, non sono mai fini a se stesse, non si esauriscono nell'immanenza del tempo presente e non sono definitive perché, in quanto cristiani, rimaniamo nella consapevolezza che la nostra vera "umanizzazione" si situa nell'ordine della grazia e non sarà mai raggiunta pienamente finché saremo su questa terra in situazione di contingenza, di precarietà e di peccato, piuttosto quando entreremo nella Vita eterna e lì verremo trasfigurati (Fil 3,20-21). Significa, quindi, che la Croce non può essere scavalcata: *"Per la Sua Passione e la sua Croce guidaci alla gloria della Risurrezione"* (Preghiera dell'*Angelus*). Piuttosto, è necessario passare attraverso la Croce per giungere alla salvezza, che è eterna e non intra-mondana, quindi è altra cosa rispetto a felicità, benessere e armonia, perché non è questione di sensazioni o di stati emotivi, psicologici (pur positivi ma ai quali molti riducono la fede), ma di rinuncia a se stessi e affidamento al Signore nella sua sequela, perché solo in Lui siamo salvati e redenti (Mt 16,24-25; Gv 12,24-25). Questa è la meta che un cristiano desidera ed attende, e che tanto i monaci quanto i sacerdoti devono indicare. Il passaggio pasquale non può e non deve essere eluso per un cristiano. Una volta specificato e chiarito questo, possiamo parlare di "umanizzazione" se la intendiamo nel senso di un'umanità vera e piena secondo Dio, come Dio l'ha pensata e l'ha voluta da sempre, e che ci è stata manifestata in Cristo in quanto vero Dio e vero uomo (Ef 1,4-7): *"Solamente nel mistero del Verbo incarnato trova vera luce il mistero dell'uomo"* (Gaudium et Spes 22). In ultima istanza, il monachesimo, più che un percorso di "umanizzazione", è un percorso di "divinizzazione", come da sempre mette in risalto soprattutto il monachesimo dell'oriente cristiano. L'uomo "divinamente" umanizzato è l'uomo che ha assunto la forma di Cristo e che ha perciò conseguito la verità del suo essere e la sua vera dignità nella misura in cui si è configurato a Cristo; è l'uomo nuovo, rivestito di Cristo e che, come Cristo, vive la sua relazione filiale con Dio, Creatore e Padre; è l'uomo riplasmato e salvato dal peccato, è l'uomo che non vive più secondo la carne ma secondo lo Spirito, è l'uomo redento, risorto, di cui parla San Paolo (Gal 2,20; 5,16-25; Ef 4,23-24). Allora, solo in questo senso, possiamo dire anche noi che è *"l'uomo recuperato a se stesso"*, come affermava Paolo VI riferendosi esplicitamente alla figura del monaco nei suoi numerosi discorsi.

Una volta, nei secoli lontani, per cercare Dio e in Dio ritrovare se stesso, l'uomo entrava nel silenzio del chiostro: occorreva un rifugio per trovare sicurezza, protezione, pace, tranquillità, preghiera, studio, lavoro, fraternità, ricerca ed esperienza di Dio. Gesù stesso (anche Lui!) molte volte sente il bisogno di ritirarsi in disparte, da solo, in un luogo deserto a pregare (Mc 1,35; 6,46; Lc 5,16). Oggi sono la superficialità, l'esteriorità, il caos, l'inquietudine, la frenesia, il nulla a minacciare l'interiorità dell'uomo, e il richiamo del chiostro o la *"nostalgia del chiostro"* (A. I. Schuster) si fa di nuovo sentire, *"perché gli manca il silenzio con la sua genuina parola interiore, gli manca l'ordine, gli manca la preghiera, gli manca la pace, gli manca se stesso"* (Paolo VI). Si ha sete di Dio e di autenticità umana, perché ci si accorge di avere l'anima inaridita e lo spirito inquinato. Allora non solo nei secoli lontani, ma molto di più oggi, l'uomo avrebbe bisogno del chiostro monastico per bere di quell'acqua per cui non si avrà più sete (Gv 4,1-26), quindi per raccogliersi e ritrovarsi in Dio. E forse anche la Chiesa dovrebbe recuperare il valore ed il significato del chiostro, in generale della vita monastica, come bene prezioso da non perdere, e quindi fare ritorno al pozzo, alla sorgente per attingere l'acqua viva, per una sorsata di acqua fresca nel bel mezzo di aridità spirituali, di crisi vocazionali e di fede. Il sacerdote stesso non è immune da questa sete: anch'egli, a volte, sente come insopprimibile il bisogno di recarsi, o di tornare, o di rimanere ogni tanto dentro il chiostro monastico e di dissetarsi idealmente al pozzo lì presente per ricalibrare la vita, e quando il sacerdote è ricuperato a se stesso è ricuperato alla Chiesa. È enorme ma sottile la differenza tra solitudine e isolamento, tra un solitario contemplativo e un individualista pragmatico, autarchico e autoreferenziale, ma, caro don XX, ogni tanto resta un po' da solo e la custodia del tuo cuore sia il tuo chiostro interiore: lì ogni tanto ritirati per ritrovare te stesso e Dio. Se nelle numerosissime attività dell'oratorio che il Vescovo ti affiderà, ti sarà difficile trovare tempi e spazi di silenzio e di solitudine, almeno non lasciare che niente e nessuno víoli l'intimità del tuo cuore e la tua interiorità; nel tuo chiostro interiore lascia fuori le attività, le preoccupazioni, le ansie, lascia fuori tutto, lascia fuori anche la gente, perché anche per il prete ci devono essere momenti e luoghi dove è bene che anche la gente, ogni tanto, se ne stia fuori. *"Extra omnes!"*, fuori tutti dal tuo conclave interiore! Fuori tutti dal tuo chiostro!

Ancora un pensiero, originale e interessante, che colloco qui alla fine di questa prima parte. Se attraverso la spiritualità monastica l'uomo è recuperato a se stesso, cioè alla verità di ciò che è, del suo essere, allora, solo in senso esclusivamente antropologico, in una visione quasi sovra-religiosa o pre-religiosa, in un respiro più ampio e in un significato universale, potrebbe essere condivisa la tesi di chi sostiene che il monaco è l'espressione di un archetipo umano, di un'aspirazione profonda della nostra natura umana, di un'esigenza intrinseca e primordiale insita nell'uomo, tanto da arrivare a definire la dimensione monastica come dimensione ontologica costitutiva dell'essere umano nella ricerca del suo fine ultimo, del suo centro, del tutto, dell'Assoluto; è un imperativo innato, congenito, che tocca le radici dell'essere e che costituisce l'uomo come *homo religiosus: "Non tutti possono o dovrebbero entrare in monastero, ma tutti hanno una dimensione monastica che dovrebbe essere coltivata e realizzata in modi diversi". "Non si diventa monaco per fare qualcosa o per ottenere qualcosa ma per essere. È l'esistenza di tale aspirazione ontologica dell'essere umano che mi porta a parlare della dimensione monastica come di una dimensione costitutiva della vita umana"* (R. Panikkar). È l'attrazione verso l'assoluto e l'eterno che il cuore umano, inquieto, desidera e brama di raggiungere. Senza esagerare, potremmo allora considerare i valori monastici come valori perenni, carismatici e fondanti la vita di ogni essere umano che per natura è aperto alla trascendenza *(homo capax Dei)*. Fa riflettere il fatto che, a sostegno di questa tesi, nelle tradizioni religiose e nelle culture di ogni tempo e di ogni luogo, si possano riscontrare consonanti esperienze di tipo monastico che hanno come minimo comun denominatore proprio questa "predisposizione contemplativa", trascendente o immanente che sia. E ancor più fa riflettere il fatto che questo comune "legame sotterraneo", questa innata "spiritualità universale", questo condiviso "patrimonio spirituale" insiti nella natura umana e rintracciabili in modo trasversale nei tanti monachesimi, costituiscano anche il punto di partenza e il canale privilegiato per il dialogo interreligioso: il più delle volte, sono le multiformi esperienze monastiche, presenti non solo nella tradizione cristiana ma anche nelle grandi religioni mondiali, a favorire e incoraggiare questo dialogo. *"Il monachesimo si caratterizza essenzialmente per una insopprimibile esigenza di Assoluto e di radicalità nella ricerca di se stesso. Ne deriva una forma di vita che, per il solo fatto di esistere, diventa testimonianza del primato di Dio e delle realtà eterne rispetto a quelle temporali. Questa nota fondamentale fa del monachesimo una vocazione a respiro universale, corrispondente all'anelito più profondo dell'essere umano, al suo innato desiderio d'infinito"* (A. M. Canopi). E ancora: *"Nell'analisi del fenomeno monastico di ogni tempo e comune ad ogni grande religione, troviamo un elemento antropologico fondamentale: l'uomo per natura ha una dimensione religiosa, insopprimibile, che orienta il suo cuore alla ricerca dell'Assoluto, di Dio, di cui avverte più o meno confusamente l'insoffocabile bisogno. Quando nel corso delle vicende della vita questo bisogno affiora alla coscienza, rende l'uomo un cercatore di Dio"* (V. J. Dammertz). Dentro questa "universalizzazione" del monachesimo come fenomeno antropologico, occorre puntualizzare, a scanso di confusioni, di mescolanze eclettiche e di inopportuni sincretismi, che il monachesimo cristiano (cattolico) è *partecipatio Christi* e *sequela Christi*, quindi è cristocentrico, cioè si caratterizza per una propria e specifica spiritualità e una sua ragion d'essere che consiste, in prima istanza, nell'appartenenza a Cristo, poi nell'imitazione di Cristo, nella conformazione a Cristo e nella trasformazione in Cristo, per grazia dello Spirito Santo, a lode di Dio Padre, dentro il corpo della Chiesa. Dato per vero e condiviso il fatto che il monachesimo si costituisca come esperienza umana comune, non è implicito né logico dedurre che la stessa esperienza sia immediatamente identificabile e coincidente come esperienza cristiana. Di fatto, i monaci cristiani, come tutti i cristiani, sono discepoli di Gesù Cristo, vogliono seguire Lui, Lui solo, totalmente e radicalmente, in una condotta di vita che aspira alla perfezione e alla santità evangeliche, portando a vera pienezza la grazia del Battesimo comune a tutti, pienezza ancor più corroborata, come nel nostro caso, dal Sacramento dell'Ordine che tu, don XX, da poco, e io da qualche anno, abbiamo ricevuto.

Con il Libro.

Il secondo imperativo monastico è *lege*, cioè leggi, studia: è tramite il Libro che nei monasteri si custodì il sapere e si trasmise ai posteri l'eredità letteraria del mondo antico. Nelle biblioteche e negli *scriptoria* si salvaguardò e si diffuse la cultura dei classici, di libri sacri e profani, di opere letterarie di ogni argomento, materia e disciplina, grazie al paziente e minuzioso lavoro dei monaci amanuensi, ovvero dei monaci specializzati nella copiatura manuale dei codici antichi, prima dell'avvento della stampa che, inventata da Gutenberg in Germania, in Italia fu inaugurata per la prima volta nel monastero benedettino di Subiaco. Così facendo, prima a mano e poi a stampa, nei monasteri si coltivò l'amore per il sapere e per la conoscenza in generale, ma su tutto prevalse l'amore per la Sacra Scrittura, precisamente per la "*Sacra Pagina*". Un antico detto monastico afferma: *"Claustrum sine armario, velut castrum sine armamentario"*, ossia un monastero senza biblioteca è come un castello senza armeria. Don XX, anche le nostre personali librerie sono quasi come biblioteche, stipate di libri, di testi, di manuali, a conferma che ogni sacerdote, nel tempo della sua formazione, che è permanente e necessita sempre di aggiornamento, ha affrontato tanti anni di studi per *"rendere ragione della speranza che è in noi"* (1Pt 3,15), cioè per giustificare e proporre il Vangelo quale Parola di Verità, valida e significativa anche per l'uomo contemporaneo. I monaci, a partire dai periodi critici delle invasioni barbariche, diventarono man mano in tutta Europa esempio di minoranze creative per la varietà dei modi e delle forme con cui testimoniarono il Vangelo; a noi, invece, nell'attuale contesto, nonostante tanti studi necessari e qualificati, potrebbe capitare di sentirci poco creativi, qualche volta inadeguati per fare fronte a nuove invasioni barbariche, quelle culturali, come (per usare le parole di Papa Benedetto) il laicismo, il relativismo e il nichilismo, emergenti soprattutto nel mondo giovanile con cui, giovane anche tu, avrai a che fare. Invasioni queste ancora più pericolose e subdole, perché stravolgono il cuore e la mente, perché disumanizzano, causano l'imbarbarimento della vita personale e sociale, e nel sacerdote possono insinuare crisi intellettuali e di fede, fino al sospetto che i propri studi e tanta teologia siano alla fine fondati sul nulla. Soprattutto quando annunci e predichi il Vangelo, don XX, annuncialo e predicalo prima di tutto a te stesso, per rimanere sempre in tensione verso quella ragionevolezza che la fede implica, verso quelle ragioni del credere che bisogna rendere prima a se stessi per poterle poi sostenere e comunicare efficacemente e credibilmente anche agli altri.

Ma ogni argomentazione (e ora attenzione: questo di seguito è il punto di vista peculiare e tipico, che va ben compreso, dell'approccio monastico alla teologia), pur valida che sia, deve seguire la fede, non precederla, perché il punto di partenza non è la ragione in sé, a priori, che a volte deborda in spregiudicati razionalismi e intellettualismi, ma è il nostro libero assenso e affidamento a Dio e alla sua Parola, ossia alla Rivelazione, davanti alla quale parole e ragionamenti *(lóghia)* passano in subordine. Nella critica ai nuovi metodi filosofici e teologici che si stavano diffondendo durante il XII secolo nelle nascenti *Scholae Cathedralis* e nelle *Universitates* (è famosa, al riguardo, la disputa tra San Bernardo e Abelardo, per certi aspetti già anticipata in alcune tesi di Scoto Eriugena), un importante abate di quel tempo, Guglielmo di Saint-Thierry, affermò che *"sono da temere quegli innovatori che fanno derivare piuttosto la fede dall'intelligenza che l'intelligenza dalla fede"*, rovesciando in questo modo la celebre formula di Anselmo d'Aosta, *"fides quaerens intellectum"* (la fede che cerca di capire, quindi prima credere per poi comprendere) in *"intellectum quaerens fidem"* (la ragione che cerca di credere, quindi prima comprendere per poi credere). Sant'Anselmo, importante filosofo e teologo del tempo, riservava alla ragione un ruolo di grande rilevanza e per questo è considerato il fondatore della teologia scolastica, ma allo stesso tempo affermava che il presupposto di ogni sapere doveva essere necessariamente la fede nella Rivelazione; in altre parole, che il fondamento di ogni conoscenza doveva provenire dalla fede, e solo in seguito poteva intervenire la ragione, in maniera strumentale, funzionale, per aiutare la comprensione delle cose della fede. Restava quindi prioritaria la fede, che la ragione non poteva anticipare e sulla quale la riflessione razionale non poteva prevaricare, ma la ragione poteva e doveva essere legittimamente usata a sostegno della prima (Is 7,9). Così Sant'Anselmo affermava: *"Non tento, Signore, di penetrare la tua profondità, perché non posso neppure da lontano mettere a confronto con essa il mio intelletto; ma desidero capire, almeno fino ad un certo punto, la tua verità, che il mio cuore crede e ama. Non cerco infatti di capire per credere, ma credo per capire"*. Questa tesi riprendeva, a sua volta, la dialettica circolare del *"credo ut intelligam"* e *"intelligo ut credam"* di Sant'Agostino (credo per capire e, avendo capito, posso maggiormente credere); il Vescovo di Ippona fu un autore autorevolissimo e imprescindibile per la teologia monastica, insieme a tutti i Padri della Chiesa.

Fin dalle origini, il monachesimo ha avuto una certa diffidenza per la teologia intesa come "comprensione razionale di Dio", come "dottrina filosofica su Dio", come "indagine su Dio"; i monaci sostenevano che, riguardo a Dio, la bramosia di sapere e di capire è una forma di idolatria che distoglie l'uomo dal vero bene che è la contemplazione di Dio, non la sua indagine: essi temevano una teologia che potesse uscire dallo spazio della fede, separata dalla fede, dove Dio non è più il soggetto ma solo l'oggetto della teologia. E asserivano, rifacendosi anche a San Paolo (1Cor 4,20; 8,2-3), che la speculazione gonfia l'orgoglio e fa perdere l'umiltà del cuore, la compunzione *(pénthos)* e la pace interiore *(esikìa)*, e che la fede stessa è dotata di un'intima certezza, fondata sulla testimonianza della Scrittura e sull'insegnamento dei Padri della Chiesa, e quindi non ha bisogno di legittimazioni esterne. La prospettiva teologica monastica in generale, come quella difesa da San Bernardo contro Abelardo in particolare, *"faceva fatica ad accordarsi con coloro che sottoponevano le verità della fede all'esame critico della ragione; un esame che comportava, a suo avviso, un grave pericolo, e cioè l'intellettualismo, la relativizzazione della verità, la messa in discussione delle stesse verità della fede"* (Benedetto XVI). A questi opposti si collocano, appunto, Abelardo e San Bernardo i quali, senza dubbio con onestà e profondamente credenti, avevano a cuore la stessa cosa ma raggiunta per strade diverse, segnate anche da fraintendimenti. Semplificando al massimo, diciamo che il primo era essenzialmente un filosofo dialettico che, occupandosi di teologia, si rifiutava di credere ciò che l'intelletto umano non è in grado di spiegare attraverso la logica; così egli sosteneva: *"Non si può credere ciò che non si comprende ed è ridicolo insegnare agli altri ciò che né chi parla né chi ascolta è in grado di afferrare con l'intelligenza".* Il secondo, da parte sua, denunciava il metodo intellettualista come pericoloso e si appellava all'autorità della Rivelazione; così egli controbatteva: *"Si deride la fede dei cuori semplici, si frugano i misteri di Dio, si agitano temerarie proposte su argomenti elevati [...] così l'ingegno umano si impadronisce di tutto, non riservando più nulla alla fede. Affronta ciò che è al di sopra di sé, scruta ciò che gli è superiore, irrompe nel mondo di Dio, altera i misteri della fede più che illustrarli, ciò che è chiuso e contrassegnato non lo apre, ma lo svelle, e ciò che non trova percorribile per sé lo considera nulla e sdegna di credervi".* Questioni inesauribili sempre attuali...

La teologia monastica affondava le sue radici in quella patristica, e non era una teologia rigorosa e sistematica, come diremmo oggi; ad essa non interessavano le *quaestiones,* né si arrivò mai a redigere delle *Summae,* dei trattati teologici, come nella teologia scolastica, quest'ultima basata sul metodo della dialettica, della logica e del ragionamento. Essa era estranea a qualsiasi erudizione fine a se stessa, perciò quella monastica non era una teologia intesa come *scientia,* tanto è vero che il teologo era configurato al mistico e al contemplativo. È chiaro che siamo davanti a due differenti modelli di teologia, l'uno più influenzato dalla filosofia platonica, l'altro da quella aristotelica, come sostengono gli esperti. Anche tra i monaci si annoverano grandi teologi, ma la loro teologia era più una *"ars amandi"* (un'arte di amare) o una *"ars orandi"* (un'arte di pregare) che una *"cupio sciendi"* (cupidigia di sapere o del sapere, che altro non era che una *"vana curiositas",* cioè un vano esercizio intellettuale), e più che "parlare di Dio" si preferiva piuttosto "parlare a Dio" e "parlare con Dio". In questo senso possiamo dire che il loro stile era molto "giovanneo" (Gv 17), anche poetico in molti testi. E comunque, più che affermare, tacere era preferibile (approccio più apofatico che catafatico). La seguente citazione riassume tutto: *"Che ti serve saper discutere profondamente della Trinità se non sei umile, e perciò alla Trinità tu dispiaci? Invero, non sono le profonde dissertazioni che fanno santo e giusto l'uomo; ma è la vita virtuosa che lo rende caro a Dio. Preferisco sentire nel cuore la compunzione che saperla definire. Senza l'amore per Dio e senza la sua grazia, a che ti gioverebbe una conoscenza esteriore di tutta la Bibbia e delle dottrine di tutti i filosofi? [...] Non ti smuovano i ragionamenti umani, per quanto eleganti e profondi, perché il Regno di Dio non consiste nei discorsi, ma nella virtù"* (Anonimo). Insomma, una sorta di "teologia spirituale", diremmo oggi, esperienziale, esistenziale, che era il risultato dell'impasto di più componenti a dosaggi diversi tra cui, ingrediente di base, la Parola di Dio e poi, in aggiunta, un po' di mistica amalgamata insieme con un po' di ascetica, a cui si incorporava una giusta dose di dimensione affettiva che non guastava, il tutto unito a molta preghiera e a contemplazione a volontà, proprio perché la teologia aveva un solo scopo: quello di far nascere il desiderio di Dio, di promuovere l'esperienza viva e intima di Lui, di conoscerlo, ma soprattutto di amarlo in una vita virtuosa; essa era quindi un aiuto per amare Dio sempre più e sempre meglio. Nulla di accademico e di artificioso, ma era strettissimo il rapporto tra *"Teologia e santità"* (H. U. von Balthasar), cioè tra riflessione teologica e santificazione personale, tra teologia e esperienza spirituale. Si poterebbe pensare che la teologia monastica, con i suoi valori e contenuti, sia una teologia superata che non riflette altro che la sensibilità del tempo e del contesto in cui è nata; tutt'altro! Proprio per gli stessi contenuti e valori che essa veicola e sui quali si basa, questo approccio alla teologia è perennemente e universalmente valido, quindi anche per noi oggi, come ha ben evidenziato il teologo M. D. Chenu: *"Questa teologia monastica non costituisce assolutamente un valore sorpassato e scaduto, come sarebbe incline a sostenere un evoluzionismo radicale [...]. Essa esprime, proprio come lo stesso Ordo monasticus, dei valori permanenti nell'ambito della Chiesa e dell'umanità".* Che la teologia contemporanea non debba essere o tornare ad essere un po' "monastica"? Lasciamo aperta la domanda a cui ci sottraiamo volentieri... io di sicuro, non so tu, caro don XX!

Senza inoltrarci oltre in questo campo che lasciamo agli addetti ai lavori, resta pur vero che la "*Sapientia Dei*" che la Parola di Dio ci rivela, il più delle volte non coincide con la sapienza degli uomini (Is 55,8-9), costruita spesso su elucubrazioni filosofiche, astrazioni e impalcature mentali tante volte compiacenti e fini a se stesse (Sap 1,3). *"La speculazione moderna è in grado di comprendere bene tutto il cristianesimo, ma speculativamente, e qui sta precisamente il malinteso, poiché il cristianesimo è l'antitesi della speculazione"* (S. Kierkegaard). Se la modalità stessa della Rivelazione biblica non è intellettualistica ma esperienziale e relazionale, potrebbe essere diversamente il nostro approccio e la nostra risposta? La ragione, dal momento che ogni uomo è un essere razionale, resta imprescindibile, può condurre a Dio, può rendere Dio credibile, aiuta a discernere le cose della fede affinché quest'ultima permanga nella verità e non degeneri in fondamentalismi, superstizioni, fanatismi e idolatrie. Ma essa non è assoluta, non è infallibile, non è autosufficiente né sufficiente, perché è segnata dal limite e l'uomo non è pura razionalità; può anche deviare, e comunque le nostre parole, i nostri pensieri e i nostri ragionamenti non saranno mai adeguati perché *"qualunque cosa siamo stati capaci di spiegare è al di sotto della realtà"* (Sant'Agostino). La fede, comunque intelligibile e ragionevole, ma che nasce prima di tutto da un cuore puro, semplice, sincero, accogliente, umile e devoto, e che rimane sempre e prima di tutto un dono, resta la via privilegiata se essa è vero dono di Dio; fede, si intende, unita ad un amore profondo, perché Dio, ancor prima che cercato con la ragione, va desiderato e amato con il cuore. *"La nostra vita è una ginnastica del desiderio"* (Sant'Agostino). E quando Dio è amato di vero cuore viene conosciuto ancor più che con la ragione, perché la conoscenza più autentica presuppone e implica sempre l'amore e coinvolge tutto l'essere. Ed è proprio come amore e nell'amore che Dio si è rivelato, cioè attraverso quella dimensione che appartiene a tutti e in cui siamo tutti uguali, senza differenze (Mt 11,25-30) perché tutti, per natura, sono capaci di amare e bisognosi di essere amati. Assai significativa questa affermazione di Ambrogio Autperto con la quale si rivolge a Dio: *"Quando da noi sei scrutato intellettualmente, non sei scoperto come veramente sei; quando sei amato, sei raggiunto"*; e molto bella ed appropriata anche la definizione di Guglielmo di Saint-Thierry: *"Amor ipse intellectus est"*, con la quale si evidenzia che già in se stesso l'amore è fonte di conoscenza, ovvero che la conoscenza di Dio aumenta in noi quanto più in noi aumenta il nostro amore per Lui; lo stesso afferma un monaco contemporaneo, Thomas Merton: *"La vita dell'anima non è conoscenza bensì amore, poiché l'amore è l'atto della facoltà massima, la volontà, col quale l'uomo si unisce formalmente al fine ultimo di ogni sua ricerca, col quale l'uomo diventa uno con Dio"*. E un maestro dei novizi, parlando della preghiera contemplativa, aveva scritto: *"Non cercare di raggiungere Dio con l'intelligenza: non ci riuscirai; raggiungilo nell'amore: ciò è possibile"*.

Perciò conoscenza di Dio non intellettuale, concettuale, filosofica e teorica, non distaccata, asettica, neutra e impersonale, ma conoscenza pratica che è e diviene relazione, comunione, esperienza di vita, nella quale l'uomo è coinvolto in modo totale in un rapporto d'amore personale e salvifico, sotto la guida del *Maestro interiore* (Sant'Agostino). Ecco allora la vera "filosofia" monastica, ammesso che esista e che la interpretiamo nel senso letterale del termine, cioè come "amore per la Sapienza", o meglio come "Sapienza da amare". Allora, in conclusione, conta di più la fede o la ragione, il cuore o la mente? L'uno e l'altra non sono estrinseci, non si escludono, anzi si implicano, ma il punto di partenza, inequivocabile, è questo: *"Dio è amore"* (1Gv 4,8). E forse anche il punto di arrivo...

Andiamo avanti: i monaci derivarono la loro teologia (monastica, quindi, non scolastica; sapienziale, non speculativa!), essenzialmente biblica e patristica, dalla *Lectio divina* da essi adottata definitivamente come metodo per una teologia che, di fatto, era spirituale, contemplativa, esperienziale, fino a diventare forma di preghiera. *Lectio* intesa non come "lettura", piuttosto come "lezione", perché il ruolo del monaco è più passivo che attivo: il protagonista è Dio che parla e si rivolge a lui con la sua Parola, esattamente come in una lezione, dove gli alunni siedono, tacciono e ascoltano il maestro che parla ed insegna. "*Ascolta, figlio, i precetti del maestro e porgi l'orecchio del tuo cuore"*: così inizia il Prologo della Regola, e ancora: *"Parlare infatti e insegnare spetta al maestro: al discepolo sta bene tacere e ascoltare"*. Perciò è necessario un cuore disponibile all'ascolto, "*un cuore capace d'ascolto*" (1Re 3,4 ss). Non a caso Maria, seduta ai piedi del Maestro, viene da Gesù elogiata perché ha scelto in questo modo la parte migliore (Lc 10,38 ss). Per me personalmente l'esercizio della *lectio divina* è di gran lunga il più difficile e impegnativo in assoluto, ma anche al sacerdote è di grande arricchimento spirituale il metodo della *lectio divina* come preghiera meditativa centrata sulla Parola di Dio, soprattutto perché egli ha il dovere di predicarla alla gente questa Parola; omelie poco o per nulla "evangeliche" denunciano che la Parola predicata non è interiorizzata a sufficienza, non si è in sintonia con essa, la si dà per scontata, non la si è assimilata con calma, la si fa vivere di rendita come in uno sterile riciclaggio, oppure la si sostituisce con altre parole che sono soltanto nostre e le facciamo dire quello che non dice o che vorremmo che dica, attraverso inappropriati tentativi di aggiustamento e adattamento (1Tess 2,13). Anche in questo caso, per rimanere nella concretezza della realtà, occorre ammettere che alcuni testi della Scrittura sono impegnativi per la predicazione e di non facile comprensione da parte dei fedeli, il cui livello culturale è diversificato e, nella maggior parte dei casi, piuttosto scarse le loro conoscenze bibliche e catechistiche (purtroppo, nella nostra gente, rimane permanente un certo analfabetismo religioso, anche tra i ragazzi, gli adolescenti e le persone di mezza età, nonostante le predicazioni e gli incontri di catechesi e di formazione che vengono proposti ma frequentati da pochi o dai soliti); e comunque sia, la predicazione, anche se ben preparata, diventa un po' pesante quando le omelie da tenere sono tre o quattro in un giorno, come nei giorni festivi, e ci si sente un po' avviliti quando senti commenti del tipo: *"Quel prete là, lui sì che predica bene: ha una bella voce!"*. Lascio a te commentare affermazioni del genere! Non so, poi, come facciano i predicatori logorroici, che assomigliano a quei vecchi dischi in vinile che, se non li fermi, continuano a girare anche quando hanno smesso di suonare: non si stancano mai, anzi ci prendono gusto! Anche per le omelie e le predicazioni ci vuole giusta misura perché poi la gente si spazientisce, si stanca e non afferra più il messaggio. In una lettera una monaca di clausura aveva scritto: *"Quando vedo un sacerdote divorare la Messa con irriverenza e scandalosa fretta e poi fare una lunga omelia, mi rattristo"* (Suor Nazarena, reclusa camaldolese). In fondo, per una buona omelia non è necessario essere grandi oratori: quelli che si lasciano prendere troppo dall'*ars oratoria*, più che "ciceroni" sono dei "ciacciaroni"! Ho sentito un giorno, da un arguto sacerdote, che una buona predica deve essere come una minigonna (non scandalizzarti...), cioè deve essere corta, aderente alla vita e lasciare intravedere il mistero! Cosa vuoi, don XX, fatti una risata...! Ma torniamo a noi. Nella *lectio divina* il concetto monastico di "*manducatio*" insegna a masticare lentamente e a gustare la Sacra Scrittura in maniera metodica, continua, perché la Parola di Dio sia vissuta come esperienza, perché essa dia sapore, parli alla vita e la converta e, attraverso il ministero della predicazione, parli anche al popolo di Dio e lo porti a conversione. *"È necessario che l'ascolto della Parola diventi un incontro vitale, nell'antica e sempre valida tradizione della lectio divina, che fa cogliere nel testo biblico la Parola viva che interpella, orienta, plasma l'esistenza"* (Giovanni Paolo II). Nella Parola di Dio troviamo luce, verità, conforto, aiuto, ecc., soprattutto quando tante logiche sofisticate, erudite speculazioni e ragionamenti teorici potrebbero apparire, alla fine, come un *"decotto di malva insapore"* (Gb 6,6), insufficienti a spiegare il tutto della vita e quelle *"ragioni del cuore che la ragione non comprende"* (B. Pascal). Come nutrimento dell'anima Dio ci ha dato la sua Parola da ascoltare, leggere, meditare, pregare e contemplare nella fede. *"Signore da chi andremo? Tu solo hai parole di vita eterna!"* (Gv 6,68).

A questo ambito, relativo alla Parola di Dio, possiamo allacciare un altro tema fondamentale della spiritualità monastica benedettina, che è il primo voto della professione solenne di un monaco: l'obbedienza. Parola di Dio significa che Dio parla, comunica, si rivela; se Dio parla e noi ci fidiamo di Lui perché Egli ci ama e vuole il nostro bene, abbiamo il dovere di ascoltarlo e di rispondere con il nostro assenso totale: è, appunto, l'assenso dell'obbedienza, è l'obbedienza della fede, come il *fiat* della Vergine Maria (Lc 1,38). L'obbedienza della fede, infatti, addirittura nel suo significato etimologico *(ob-audire),* è la risposta che segue una parola udita che ci ha preceduto; essa nasce dall'ascolto (Rom 10,17). La disobbedienza del peccato è, al contrario, rifiuto dell'ascolto di Dio, chiusura al suo amore e allontanamento da Lui. In fondo, l'obbedienza è la "forma" della nostra fede, come risposta a Dio che ci parla, nell'imitazione di Colui che si fece *"obbediente fino alla morte e alla morte di croce"* (Fil 2,8). Se ricollocata in quest'ottica originaria, cioè nell'ottica della fede, vissuta e assunta nella libertà e per amore, per noi sacerdoti secolari, forse, l'obbedienza, tante volte così impegnativa perché sembra tradire i nostri progetti, scontrarsi con i nostri desideri e aspirazioni personali, e addirittura mortificare la nostra stessa libertà d'azione, può essere promessa e poi mantenuta con serenità e fiducia, se non già come impegno ascetico di totale rinnegamento di sé e della propria volontà, di rinuncia all'amor proprio come massimo grado di umiltà: quest'ultima è la prospettiva monastica. *"La libertà benedettina è la libertà cristiana. Essa consiste primariamente in un consenso all'essere, a Dio, così come fa Cristo nel Getsemani. La vita monastica, improntata alla Regola di san Benedetto, è una scuola di vita in cui si è educati a essere liberi. Liberi dentro un'obbedienza. Questo è infatti il mistero della vita cristiana: più si obbedisce più si è liberi"* (J. Leclercq).

Con l'Aratro.

Con l'Aratro, infine, cioè con la coltivazione dei campi, la bonifica delle paludi e delle zone malsane, il dissodamento della terra incolta, la costruzione di canali per l'irrigazione, la custodia e la salvaguardia di boschi e foreste e con altri lavori simili, i monaci, soprattutto i benedettini cistercensi, riuscirono a convertire terre inselvatichite e insalubri in campi fertili e coltivabili. Come abbiamo visto, nei monasteri ebbe grande importanza anche il lavoro in ambito culturale con l'apertura di importanti scuole e biblioteche, in ambito missionario con l'evangelizzazione e la civilizzazione della società, e anche il lavoro in ambito sanitario e assistenziale con la fondazione di ospizi, ospedali, ostelli e foresterie, ma il tipico lavoro monastico è sicuramente il lavoro della terra: questo è il lavoro monastico per antonomasia. Lavorare la terra è un'azione assolutamente concreta e allo stesso tempo profondamente simbolica, in quanto comporta sacrificio, fatica, dedizione, premura, attesa, cioè si pongono in essere quegli stessi atteggiamenti che richiede la cura della vita interiore, di quel terreno che è la propria anima perché, estirpate le radici dei vizi e delle cattive inclinazioni, diventi rigogliosa e bella come un giardino fiorito di virtù e un orto ricco di opere buone. La bonifica e la trasformazione della terra è, perciò, parabola dell'impegno per la propria personale conversione, è un modo di partecipare all'atto creativo e redentivo di Dio, è promuovere il miglioramento del mondo e contribuire a riportarlo alla primitiva e incorrotta bellezza paradisiaca; il lavoro diventa poi un atto di ringraziamento a

Dio per i frutti e le primizie che la terra dona e offre per il proprio e altrui sostentamento, un'occasione per esercitare la carità con gli eventuali proventi, e anche un legame di solidarietà e di sintonia con la comunità umana che ogni giorno fa del lavoro una necessità di vita e di sussistenza. Quindi è un fatto che i monaci abbiano riabilitato il lavoro manuale (quando lavorano *tunc vere monachi sunt,* dice San Benedetto nella Regola), perché essi hanno assunto il lavoro in generale, e quello manuale in particolare, che era fino ad allora relegato solo ai servi, come momento integrante e costitutivo della propria identità. Col tempo il lavoro dei monaci si è ampliato e diversificato e tutti siamo a conoscenza di come i monasteri divennero baluardi di sicurezza per le popolazioni vicine a cui veniva garantito lavoro e sussistenza (*populus abbatiae*), motori dell'economia delle loro regioni, centri propulsori di importanti attività e scambi commerciali, e di come i monaci divennero maestri e pionieri nei più svariati ambiti lavorativi, tra i quali agraria, botanica, biologia, chimica e alchimia, meteorologia, idraulica, astronomia, matematica e geometria, musica, paleografia, architettura ed edilizia, medicina ed erboristeria, stampa ed editoria, artigianato, falegnameria ed ebanisteria, oreficeria, tessitura, pastorizia e allevamento, caseifici, oleifici, birrifici e distillerie, miniere e saline, itticoltura e pesca, apicoltura, viticoltura e olivicoltura, fiere, sagre e mercati, ecc. ecc. ecc.; insomma, in tutte le arti, discipline e mestieri possibili ed immaginabili! *"La diffusione e l'organizzazione dei centri monastici furono fenomeni ricchi di conseguenze anche per lo sviluppo dell'attività economica nei rispettivi Paesi"* (G. Penco). É il terzo imperativo: *labora*!

Ma la prima occupazione dei monaci, il loro primo impegno, la loro occupazione principale è, da sempre, l'*opus Dei*, di cui ho già parlato, e non è quindi per caso che, attraverso la preghiera, il loro lavoro più incisivo fu quello interiore, il lavoro sulle anime, le loro e quelle altrui. Questo fu il grande e vero lavoro dei monaci! E il lavoro del prete, cioè la sua azione pastorale, prevede ancora la preghiera ed è ancora finalizzata a salvare e santificare le anime guadagnandole a Cristo? È un linguaggio obsoleto, una finalità superata? Ma questo, di fatto, è lo scopo fondamentale di ogni pastorale, la sua *suprema lex*. Salvare le anime non è correr dietro a tutto e a tutti, con il pericolo di perdere la propria di anima. Nelle tue recenti esperienze pastorali nelle parrocchie come seminarista e diacono, hai già potuto constatare anche tu, don XX, come si sia molto ampliato il ruolo sociale del prete e allargato il suo campo di lavoro. Al prete oggi si chiede, a volte si pretende, di tutto: che sia sociologo, psicologo, animatore, organizzatore, professore, assistente sociale, mediatore culturale, datore di lavoro, manager, dirigente, imprenditore, amministratore, ecc. Cose secondarie rispetto all'essenziale! Ruoli che tante volte non si scelgono ma nei quali ci si ritrova catapultati per forza di cose e l'idea di prete risulta alquanto secolarizzata. Non so cosa ne pensi tu, ma nel lavoro pastorale, può darsi che alcuni sacerdoti, certamente motivati e in buona fede, arrivino a far dipendere la propria ragion d'essere esclusivamente da quello che fanno e dall'utilità immediata e pratica del proprio lavoro vissuto quasi come prestazione di servizi, anche sull'onda delle opinioni della gente, la quale è istintivamente incline a giudicare il prete per quello che fa e non per quello che è: *"non è bravo perché non fa niente"*, si sente dire il più delle volte! Penso che più che "fare" il prete o peggio "apparire" prete, "essere" prete è la tua, la nostra opzione fondamentale. Le persone vanno educate perché apprezzino e accettino il sacerdote per quello che è, non immediatamente per quello che fa; la figura del prete deve essere *"una voce che dia motivazioni, non emozioni [...], un testimone ed un maestro, non un persuasore mediatico"* (I. Sanna). Perciò non lasciarti mai turbare dai giudizi, quasi sempre superficiali, della gente, mai! Non abbatterti quando sono negativi, rimani umile quando sono positivi; non scoraggiarti nelle difficoltà e nei fallimenti, non esaltarti nelle soddisfazioni e nei successi; e quando la gente parla troppo bene di te sappi che, quasi sempre, c'è qualcosa che non va. Piuttosto sopporta tutto con pazienza e conserva sempre quel difficile ma necessario equilibrio interiore, di mente e di cuore, che nasce da una profonda pace con se stessi e con Dio, per amare Lui sopra ogni cosa con cuore indiviso. Questa pace (*Pax!* è il motto dei benedettini) e questa libertà interiore nascono anche dalla consapevolezza e serena accettazione di essere servo, servo inutile tante volte (Lc 17,7-10). Il servo obbedisce e nell'obbedienza libera e volontaria trova la sua pace (*Oboedientia et Pax!* era il motto di Papa Giovanni XXIII), diventando anche costruttore di pace attorno a sé (Mt 5,9). E se ti riesce, don XX, oltre alla pace, prova a sentire anche la gioia di essere servo così, umile servo nella vigna del Signore!

A proposito, ti potrebbe suggerire qualcosa il secondo voto della professione monastica, ovvero la "*stabilitas*"? Penso proprio di si! Nella Divina Commedia, al Canto XII del Paradiso, Dante fa parlare San Benedetto riguardo ai monaci di Montecassino che vedeva risplendere come fuochi ardenti, e così il Santo si esprime: "*...qui son li frati miei che dentro ai chiostri fermar li piedi e tennero il cor saldo"*. Una sintesi perfetta! La bella espressione "*fermar li piedi*" indica la "*stabilitas loci*", ma la più bella ed interessante espressione "*tennero il cor saldo"* si riferisce alla *"stabilitas cordis"*. Ecco, è proprio a questa stabilità che mi riferisco, cioè a quella del cuore, alla stabilità interiore, spirituale, tanto indispensabile quanto fragile! Cercare ansiosamente l'approvazione delle persone o avere paura di deluderle è segno di instabilità interiore: da qui nascono le indecisioni, i dubbi e le insicurezze. Caro don XX, non rincorrere le situazioni, strattonato qua e là, ma virilmente "sta!" (*stabilitas cordis,* come ho detto sopra), fermo e saldo, come la casa costruita sulla roccia (Mt 7,24-25), con il cuore ben ancorato in Dio. In tempi segnati dal mito dell'attivismo e dell'efficientismo in tutti i campi, anche il sacerdote può trovarsi contagiato dalla cultura del fare, del produrre, del dimostrare, dell'apparire; capita di cadere in un insano e frenetico attivismo che non porta da nessuna parte, sciupando così molte forze ed energie che vengono disperse infruttuosamente: *"Abbiamo faticato tutta la notte e non abbiamo preso nulla".* (Lc 5,1-11). Gli Scolastici dicevano: "*operari sequitur esse, ergo unde esse inde operari*", cioè l'agire è effetto dell'essere, ogni comportamento è dunque conseguenza di ciò che si è; quindi anche il "fare" del prete è subordinato al suo "essere", il suo lavoro dipende dalla sua identità, perché ogni vero apostolato ha radici interiori. A maggior ragione perché noi, al massimo, possiamo seminare, ma è Dio che fa crescere, noi siamo solo collaboratori di Dio, possiamo preparare le fondamenta, ma altri vi costruiranno sopra (1Cor 3,4-18); possiamo essere noi a condurre il popolo ad attraversare il deserto, ma altri lo introdurranno nella terra promessa (Esodo). La spiritualità monastica difende da sempre il primato dell'essere sul fare e anche sull'avere, perché il valore della vita non consiste in ciò che si *fa* o si *ha,* ma in ciò che si *è.* Per questo motivo, nel monachesimo la contemplazione è diventata sempre più l'opposto dell'azione e il monaco è diventato il contemplativo per eccellenza in opposizione al religioso di vita attiva, perché si voleva sottolineare una convinzione di fondo, provocatoria e paradossale: la vita è un fine in se stessa ed ha un fine oltre se stessa, ha una finalità intrinseca e una meta, e la vita contemplativa è vita in pienezza perché è ricerca di questo fine, difendendo il primato della dimensione spirituale su quella materiale. Oggi è fuori luogo parlare in termini di netta contrapposizione e di esclusione, ma occorre certamente scegliere l'orientamento di fondo, e questo vale anche per il sacerdote secolare, che nel suo lavoro si ritrova impegnato in prima persona sul campo di battaglia ed in trincea.

A onor del vero, anche alcuni monasteri possono trovarsi in bilico tra contemplazione e azione, un po' sbilanciati, "de-stabilizzati", soprattutto quelli che per necessità o altre ragioni devono, per esempio, esercitare la cura pastorale avendo la responsabilità di una o più parrocchie, o perché presi da molte attività esterne e svariati impegni: il carisma monastico, che è essenzialmente carisma ascetico, e che si vuole "presente ma separato dal mondo", "nel mondo ma non del mondo" (Gv 15,19) per una completa dedizione a Dio, non può sciuparsi e disperdersi in una "vita attiva" che non gli appartiene per natura, tanto meno per impegni profani. Morire giorno dopo giorno al mondo e vivere una vita nascosta con Cristo in Dio (Col 3,1-3): se esiste una pastorale monastica, essa è esattamente questa, cioè essere, nei confronti del mondo, proprio ciò che si è, segno di contraddizione, provocazione, paradosso, profezia, testimonianza e richiamo all'Assoluto. Anche oggi il monaco, conducendo una vita segnata da una necessaria marginalità, si ritira dal "secolo", non per abbandonarlo al suo destino (lo potrebbe fare legittimamente nella logica classica della *fuga mundi*), ma per incarnare e rivelare l'autenticamente umano di cui questo "secolo" ha bisogno. La vita monastica è caratterizzata da una certa alterità, è per sua natura *"una vita altrimenti"* (E.

Bianchi), *"un vivere alternativo"* (T. Merton), una vita controcorrente, non per fuggire l'umanità, ma per fuggire la mondanità che disumanizza e rende schiavi, mondanità che bisogna crocifiggere e nei confronti della quale occorre avere il coraggio di distaccarsi e di morire (Gal 6,14; Gc 4,4; 1Gv 2,16). Più idonea dell'espressione "*fuga mundi*", è quella di "*contemptus mundi*", cioè di disprezzo e di critica della mondanità con tutte le sue strutture di peccato e i suoi falsi idoli, separandosi dai quali si dimostra che, in fondo, tutto è destinato a passare e che la nostra patria non è quaggiù ma nei Cieli. *"L'ascesi del monaco, la sua rinuncia al mondo, la sua vita di povertà e di castità, i digiuni, le veglie, la preghiera, sono la testimonianza più convincente, per tutti, che l'uomo non è fatto per questo mondo, che egli attende ed è pienamente appagato solo da quei beni che trascendono la vita presente. Il vero monaco è un uomo che soffre di tremenda nostalgia, e proprio questa addita agli altri la vera Patria"* (B. Lucis). Per non eludere questa funzione profetica ed escatologica che rimane sempre provocatoria e in controtendenza, e che possiamo riassumere anche con il termine "vigilanza" (Is 21,11-12; Mt 24,42-44; 25,13; 26,40-41; Mc 13,33-37; Lc 21,36; 1Cor 16,13; Ef 5,15; 1Pt 5,8), i monaci devono essere ciò che sono, essere se stessi, senza tradire la loro propria identità, come esortava Paolo VI nei suoi bellissimi e numerosi interventi rivolti ai monaci durante tutto il suo pontificato.

Ma non sempre è possibile: alcuni affermano che monaci che vivono in agitazione e stressati perché condizionati da troppe attività, opere, impegni e anche distrazioni come fossero nel "secolo", tradiscono l'intima natura della loro vocazione e del loro carisma. È così, ma è anche vero che le attività e le opere, soprattutto quelle belle, utili, originali e interessanti, sempre però all'interno del monastero, ben venga che ci siano, a patto che siano considerate come mezzi e non come fini e non diventino prevaricanti arrivando a destabilizzare l'equilibrio della vita monastica. E qualche volta anche una sana e positiva distrazione, come una ricreazione o una bella passeggiata a piedi o in bicicletta, è utile a tutti e fa anche bene. Comunque *"i fatti mostrano che quanto clero e fedeli aspettano da loro è che continuino a dare la testimonianza e l'esempio della preghiera, a creare luoghi, ambienti, dove possano trovare silenzio, questo lusso diventato così raro, dove raccogliersi, dedicarsi anch'essi alla preghiera, approfondire la loro conoscenza della fede, rianimare il loro fervore e il loro coraggio per continuare la loro opera di nuova evangelizzazione della società"* (J. Leclercq). È opportuno che in monastero l'attività lavorativa non vada a scapito della "*quies*", che è tranquillità, pace, distensione; *quies* non è sinonimo di inattività e di disimpegno, o ancora di tiepidezza, di pigrizia, di lassismo, di rilassatezza, di disinteresse o di indifferenza per tutto e per tutti (si cadrebbe mortalmente nel *"taedium"* o nell'*"akédia"*, nell'accidia, una sorta di morte spirituale, di suicidio interiore), piuttosto significa realizzazione di un'operosità e di una laboriosità proprie che da sempre contraddistinguono il *labor* monastico e che mettono il monastero in simbiosi con la realtà circostante, non però in un contesto frenetico o ansiogeno dove la situazione è subìta invece che governata, ma in un contesto dove tutto si svolge in un clima di calma, tranquillità, pace, serenità, bellezza, ordine e decoro. Un perspicace gioco di parole, *"otium negotiosum"*, riassume bene questa dimensione. Infatti *"tutto l'agire dei monaci è stato e deve essere l'irradiamento della propria vita interiore e comunitaria"* (J. Leclercq). Una curiosità che cade a puntino: in un'opera di

Francesco Petrarca dal titolo *"De otio religioso"*, questo *otium* è inteso dal poeta, in maniera veramente appropriata, come sinonimo di "tranquillità di spirito", e mentre scriveva quest'opera il Petrarca, in contemporanea, ne stava completando un'altra dal titolo altrettanto interessante *"De vita solitaria"*. Per il bene della Chiesa: i monaci rimangano se stessi e non vivano alienati, almeno loro!

Il tema del tedio e dell'accidia è un tema tipicamente monastico che ha avuto largo spazio nella letteratura spirituale, soprattutto orientale, a partire dagli scritti sui *lóghismoi* di Evagrio Pontico, cioè sui pensieri e atteggiamenti cattivi da evitare, da cui sono derivati i sette vizi capitali che conosciamo. Accidia e noia sono veri nemici del monaco e richiamano il tema del tempo e come esso viene impiegato e vissuto. L'accidia, la svogliatezza, l'indolenza sono sempre lì in agguato per tutti e in tutto ciò che facciamo (preghiera, studio, lavoro), e quando il tempo che abbiamo a disposizione non è più impiegato in maniera fruttuosa e operosa, ma viene subìto e diventa pesante da sopportare, allora ci assalgono tristezza, malinconia, sconforto e qualche volta anche repulsione. Ma pur restando operoso, per i motivi che abbiamo detto sopra, il tempo monastico è comunque causa di noia per la ripetitività delle cose? È accidioso, monotono? Sarebbe interessante chiederlo ad un diretto interessato. Potrebbe sembrare di sì, però io non lo definirei mono-tono, perché esso non ha un tono solo, non è monodico, uniforme, ma sono molteplici i toni su cui è scandita la giornata monastica (preghiera corale e personale, liturgia, studio, lettura, lavoro diversificato, momenti personali e comunitari, momenti di solitudine e di fraternità, ricreazione, refezione comune, ospitalità, ecc.); quindi non è monotono nel significato letterale e generalmente negativo che diamo a questo termine, e comunque dipende in gran parte da come uno nei confronti del tempo si pone e lo vive. Piuttosto direi che il tempo monastico è isocrono, perché gli intervalli, i ritmi, le ore, i momenti in cui è suddiviso il tempo e sui quali sono distribuiti i vari toni della giornata sono sempre gli stessi, uguali, costanti, identici, ma questa isocronia è necessaria alla vita monastica e alla sua regolarità. Tutto dipende non dalla quantità, ma dalla qualità che si dà al tempo che si vive. Inoltre il tempo monastico è dilatato, espanso, allargato, non ristretto o contratto come potrebbe essere il nostro tempo, cioè il tempo di noi preti secolari, quasi sempre di corsa e con l'orologio in mano *("devo fare questo, devo fare quest'altro, è tardi, devo andare, ho fretta, non ho tempo, sono in ritardo, ecc.")*: sono nostre frasi molto frequenti). Anche in monastero le cose da fare sono molte e anche gli incarichi e le mansioni di ognuno. Una volta ho sentito un monaco che diceva ad un ospite: *"Pur non vivendolo nella fretta, come passa in fretta il tempo in monastero! Passano via le giornate che nemmeno te ne accorgi!"*. Il tempo è lo stesso per tutti, ma penso che le caratteristiche con cui i monaci e i preti secolari vivono il tempo siano differenti; sono due modi diversi di vivere lo stesso tempo, e come esempio che può rendere l'idea, paragonerei il prete secolare ad un cronometro e il monaco ad un pendolo: sia il cronometro che il pendolo sono orologi, entrambi scandiscono e misurano il tempo, ma lo fanno in maniera diversa, con modalità differenti. Il cronometro corre incalzante, frenetico e va sempre avanti, nel senso del *"fugit irreparabile tempus"* di Virgilio, mentre il pendolo oscilla lentamente e il suo movimento è costante, ripetitivo, identico, nel senso del *"tempus distensio animi"* di Sant'Agostino. Un medesimo tempo, due modi diversi di viverlo.

Bene! Procediamo perché il tempo... stringe! Suggerimenti veloci per il tuo imminente lavoro pastorale? Te ne indico due, molto concreti. Primo: potremmo prendere in prestito dalla filosofia della scienza il famoso rasoio di Occam: *"Entia non sunt multiplicanda praeter necessitatem"*, con il quale egli suggerisce l'inutilità di formulare più ipotesi di quelle che siano strettamente necessarie per spiegare un dato fenomeno quando quelle iniziali sono sufficienti. Trasportato in ambito pastorale, per noi vale lo stesso principio metodologico: nel nostro lavoro è inutile complicare le cose se non c'è la necessità di farlo; le prassi più semplici sono quelle più vere ed efficaci, perciò la moltiplicazione delle attività, degli incontri, delle riunioni, ecc., non giova se le stesse cose, semplificandole, possono essere garantite ugualmente bene con minore dispersione di tempo. Noi preti siamo davvero esperti nell'arte della moltiplicazione e della complicazione, e abbiamo anche un'altra capacità tutta nostra, appresa da Penelope, cioè l'arte di fare e di disfare, di rifare e di disfare un'altra volta; uno fa e l'altro disfa, come in una tela mai compiuta, e quello che viene dopo delegittima quello che c'era prima (succede anche tra vescovi e, ultimamente, tra pontefici). Secondo: un altro principio di metodo pastorale potrebbe essere quello del massimo rendimento con il minimo sforzo, cioè riuscire ad ottenere il massimo risultato con il minimo impiego di forze; visti i tempi, sarebbe davvero utile imparare ad ottimizzare sempre più e sempre meglio le forze, le risorse e le energie, nostre e degli altri, perché non è più come in passato quando si era in molti e si lavorava poco per tanti; ora siamo di meno e si lavora molto per pochi, e in più con risultati alterni, a volte incoraggianti, a volte deludenti. Attenzione perché gli esaurimenti sono dietro l'angolo; il sistema nervoso è come un impianto elettrico: non lo si può sovraccaricare, perché alla fine rischia di saltare e andare in corto circuito! Caro don XX, questi due consigli pastorali, lo so bene, non sono molto ortodossi, poco canonici se vuoi, perché non sono scritti nei libri ma si imparano sul campo. Proverai anche tu! Possiamo riderci un po' sopra? Ogni tanto un po' di sana ironia ci vuole, no? Nel lavoro pastorale non dobbiamo certo risparmiarci, ma anche non lasciarci assorbire eccessivamente dai problemi e dalle preoccupazioni di ogni giorno, né lasciarci travolgere e condizionare inutilmente e ingenuamente dagli eventi, dalle cose, dalle situazioni: tutto va ricollocato nella sua giusta dimensione, anche con un sano e disincantato realismo e uno spiccato senso pratico. Tieni presente che nella ricerca della semplicità, o meglio della semplificazione, e nella ricerca dell'essenziale, o meglio della sintesi, la spiritualità monastica ha come fine anche quello di ricomporre il tutto riportando, con ordine e disciplina, ogni cosa al suo posto. L'esperienza ti insegnerà, tra mille cose, che i cosiddetti progetti pastorali e sogni nel cassetto, il più delle volte, vanno tenuti proprio lì dove sono, cioè nel cassetto, perché quello è il loro posto; con l'aiuto e la collaborazione dei laici e di tanti generosi volontari della parrocchia, tanti progetti, opere ed iniziative pastorali si riescono a portare avanti con successo e soddisfazione, mentre per tanti altri si deve sempre ripartire da capo, ogni volta come la prima volta, come nel mito di Sisifo, come in una sorta di *"eterno ritorno dell'identico"* (F. Nietzsche). Ancora un suggerimento? A volte, proprio nel bel mezzo del nostro lavoro, in alcuni momenti bisogna avere anche il coraggio di lasciare che il mondo vada per la sua strada, come invitano a fare le parole di un canto vocazionale molto conosciuto nelle nostre parrocchie: "*lascia che... ma tu vieni e seguimi!*"; è l'invito, questo, non certo a disinteressarci degli altri e dei problemi e dei bisogni che ci sono, ma a prendere un po' di tempo, a fare una pausa, a rivedere i criteri, a correggere le misure, a scegliere le priorità. E poi si riprende, magari con le idee un po' più chiare!

Come sai, psicologi e sociologi hanno affermato che uno dei motivi della crisi di molti sacerdoti, oltre a quelli affettivi e di fede, siano le delusioni nel lavoro pastorale quando esso risulta insoddisfacente e inconcludente. Veniamo davvero messi alla prova. E in questi casi estremi il lavoro non nobilita più il prete ma lo debilita in crisi di identità e di senso: non ci si sente realizzati perché quando non si sa più cosa si fa, non si sa più chi si è. È il problema del rapporto tra l'*esse* e l'*operari*, come ho detto sopra. Cosa fare? Facile a dirsi ma difficile a farsi. Certamente la solidarietà e la fraternità sacerdotale, in questo ed in altri casi, può essere un'àncora di salvezza, così come il confronto e la condivisione di esperienze e di fatiche con altri sacerdoti, esattamente come la comunità monastica aiuta e sostiene fraternamente e vicendevolmente il singolo monaco, ma quando ci si rende conto che il mondo gira a vuoto come una trottola, e con esso, nonostante il nostro prodigarci nel lavoro pastorale e tanta buona volontà, giriamo a vuoto anche noi e ne veniamo risucchiati come in un vortice, ecco che "sta" la Croce, stabile, sicura e ferma *(Stat crux, dum volvitur orbis!* è il motto dei monaci certosini*)*. La Croce (è la prima parte di questa lettera) come punto fermo, perché è ferma e certa la fedeltà di Dio nei nostri confronti! Allora, in questi momenti di incertezza, fermiamoci anche noi ai piedi della Croce, se ci riusciamo, e con grande motivazione e forza morale, lì stiamo, stabili, sicuri e fermi, come sentinelle accorte e vigilanti, come soldati *(milites)* a guardia di noi stessi (Ef 6,10-17; 2Tim 2,3), e come Maria, la Madre di Gesù che, pur sofferente e dolorosa, "*iuxta crucem stabat*".

Come ti dicevo, don XX, quando nel lavoro pastorale un sacerdote si sente sballottato qua e là come una nave senza timone, o si limita a navigare a vista senza una rotta, rischia di perdere l'anima del proprio ministero e gli capita di percepire un senso di aridità, di atrofia interiore, di sterilità spirituale; ci si limita ad una minimale e abitudinaria amministrazione... Ma senza volerlo si ingenera pian piano un logorio interiore che alla lunga provoca lo svanire degli ideali e quindi rassegnazione, demotivazione; subentrano atteggiamenti rinunciatari e remissivi e si insinuano quelle piccole crisi di identità che, se mal gestite, alla fine degenerano davvero in crisi più gravi, in permanenti insoddisfazioni, disagi, sensazioni di sradicamento, frustrazioni, stanchezze, contraddizioni e laceranti conflitti interiori. E ci si sente totalmente insignificanti a Dio, agli altri, a se stessi. Anche la fede passa sotto il torchio della prova. A questo punto tutto diventa intollerabile, insopportabile, fino ad arrivare a maledire "*il giorno del mandorlo*", come capitò al profeta Geremia nella sua protesta contro Dio, cioè il giorno della chiamata, il giorno della propria vocazione (Ger 1,11). Allora si cercano evasioni, vie di fuga, ma essere preti e avere il cuore altrove è un rischio molto pericoloso. "*In altri termini, la vita consacrata resterebbe tale solo nella sua apparenza, ma perderebbe l'intima costituzione di legame con il Signore, unico e assoluto senso della sua ragion d'essere*" (R. Nardin). Quando è così, per il sacerdote non c'è altra via che rientrare in se stesso (Lc 15,11-32) e recuperare una forte motivazione spirituale e una decisa spinta morale, interiore, per porre in essere un altro tipo di lavoro, più difficile e impegnativo, avendo anche l'umiltà di farsi aiutare da qualcuno: il lavoro su se stesso. Questa sorta di riabilitazione interiore consiste praticamente in ciò che San Paolo dice a Timoteo: "*Ravviva in te il dono di Dio"* (2Tim 1,6), appunto il dono della vocazione, il dono del presbiterato; questa azione di recupero non può essere indotta o forzata dall'esterno, al massimo sollecitata e poi sostenuta dalla grazia di Dio e dalla preghiera, ma essa è principalmente frutto dell'iniziativa personale, cioè della libertà, della volontà e della responsabilità di ciascuno. Si rende necessario un cammino di conversione, profondamente evangelico, come quello che la spiritualità benedettina chiama *conversatio morum,* attraverso il quale si fa morire l'uomo vecchio, segnato dal peccato e dai suoi compromessi, e si fa nascere l'uomo nuovo, il monaco. Questa *conversatio* è il terzo voto della professione monastica. Tanto per il monaco quanto per il prete, essa non è mai raggiunta una volta per tutte, ma consiste in uno stato di vita e in un modo di essere *(status et modus vivendi)* che si esplica nella conversione continua e progressiva degli stili e delle abitudini, nel cambiamento dei modi di essere, di fare e di pensare, nella rottura totale con ciò che ci allontana da Dio, nel ribaltamento delle prospettive, nella riduzione delle pretese del proprio io egocentrico (come un atto di spogliazione), per un ritorno fiducioso a Lui, recuperando senso di responsabilità e quelle motivazioni iniziali e originarie per le quali, nella fede e nell'amore, si era assunta questa scelta di vita come opzione fondamentale (come una nuova vestizione); le motivazioni iniziali sono le motivazioni di sempre: quelle, cioè, che ci fanno prendere coscienza, innanzi tutto, della nostra finitudine e del nostro peccato, quindi della necessità di rimanere in stato di continua conversione; in seguito, ci spingono a chiederci, di volta in volta, a che punto sia il nostro progresso spirituale, la nostra risposta alla vocazione ricevuta, la qualità della nostra vita interiore e del nostro cammino di fede nella sequela di Cristo e nella conformazione a Lui; tutto ciò va riconsiderato e ripreso con un nuovo slancio e con una sintesi vitale nuova. La *conversatio morum* monastica inizia quando si impara a vivere prima di tutto l'umiltà, alla quale San Benedetto dedica il capitolo più lungo della Regola, e poi prosegue sotto forma di combattimento spirituale e di lotta contro il peccato e lo spirito del male; ma anche di penitenza, di rinuncia, di agonia, di sofferenza interiore e a volte anche fisica perché nessun taglio e nessuna potatura sono indolori, ma il dolore purifica l'amore, lo rende vero, autentico, gratuito e disinteressato, tanto che possiamo sostenere ogni atto di volontà, ogni gesto, sacrificio o rinuncia solo se fatti per amore e non per noi stessi. Questo cammino di conversione (che in ultima analisi è un cammino di trasfigurazione e di santificazione) è necessario alla purificazione del cuore e ad una vita riconciliata in Dio, nella sua pace e nel suo amore ritrovato. Forse non tutti i sacerdoti in difficoltà ce la fanno a ravvivare il dono, a passare attraverso la *conversatio*, a percorrere la strada del ritorno (io pure): alcuni si adattano a dissimulare i reali stati d'animo, altri si rassegnano e per inerzia tirano a campare, altri ancora si arrendono e gettano la spugna. Ostentare autosufficienza e troppa sicurezza di sé è cosa sospetta, perciò restiamo umili, don XX, perché la prova non risparmia nessuno (1Pt 5,4-11).

Don XX, va da sé che dobbiamo stare con i piedi per terra ed essere ben equipaggiati per affrontare ogni situazione. È certamente importante che il lavoro, gli impegni e le attività del prete concorrano alla sua realizzazione, anche umana e personale: perciò essi non devono risultare alienanti, insensati o incongruenti con il ministero, e nemmeno in dissonanza con le proprie sensibilità e la propria indole, ma devono esserne coerenti e confacenti per quanto è possibile. Teniamo sempre presente, comunque, che il valore e la riuscita del nostro ministero non dipendono immediatamente dalle nostre azioni e qualità umane, e nemmeno da uno sforzo volontaristico per quanto buono esso sia; su cosa può puntare un sacerdote se non sulla fedeltà dell'amore di Dio e sulla consapevolezza sempre viva, serena e gioiosa, che solo alla sua Presenza e sulla sua Parola possiamo gettare le reti e pescare fruttuosamente? Le nostre capacità umane sono e rimangono limitate e per di più segnate da fragilità. Ma questo deficit dell'umano è colmato dalla Grazia che ci precede e che eccede le nostre possibilità. Certo, un sacerdote non fugge dalle proprie responsabilità, accompagnate a volte da tensioni, problemi e anche conflitti, ma dentro la fatica del vivere il proprio ministero ha la gioiosa certezza dell'amore del Signore che non lo abbandona mai. Allora, don XX, *labora!* Lavora bene! Spenditi in questo lavoro, sii contento e sentiti realizzato in ciò che fai senza scordare ciò che sei, portando ogni tanto alla tua meditazione ciò che San Benedetto dice nella Regola: *"Nulla anteporre all'amore di Cristo"* affinché *"Dio sia glorificato in tutto"!*

Caro don XX, siamo arrivati quasi alla fine di questa lettera. Tra una cosa e l'altra, ogni tanto tornavo su queste riflessioni e mi sforzavo di trovare un'immagine, un simbolo, un paragone efficace che potesse mettere bene in evidenza, in generale, il rapporto esistente tra il Monachesimo e la Chiesa, e una sera, guardando sorgere la Luna piena dal profilo delle montagne davanti alla casa parrocchiale dove abito, mi è balenata questa intuizione che, secondo me, è piuttosto calzante, e anche suggestiva, se vuoi, a partire proprio dalla Luna: il Monachesimo può essere paragonato alla Luna, ed esso sta alla Chiesa come la Luna sta alla Terra. In che senso? Te lo spiego. Perché c'è la Luna? A cosa serve la Luna? È necessaria la Luna alla Terra? Le è indispensabile? E se la Luna non ci fosse? Cambierebbe qualcosa per la Terra? Detto altrimenti: perché c'è il Monachesimo? A cosa serve il Monachesimo? È necessario il Monachesimo alla Chiesa? Gli è indispensabile? E se il Monachesimo non ci fosse? Cambierebbe qualcosa per la Chiesa? In molte culture la Luna è stata oggetto di una ricca mitologia e di numerosi simbolismi anche religiosi, e ancora oggi, nel mondo moderno e tecnologico, pur indagata e studiata dal punto di vista scientifico e astronomico, essa non smette mai di essere fonte di ispirazione e di evocazioni poetiche per chi ama perdersi nel cielo notturno a contemplare le stelle e l'infinito, e a sorprendersi ogni volta per l'universo che sta sopra di noi e nel quale siamo immersi. Un bellissimo esempio su tutti: la poesia *"Canto notturno di un pastore errante dell'Asia"* di Giacomo Leopardi. In essa, il pastore errante, alzando il suo sguardo alla Luna, riflette mestamente sulla condizione umana e sul destino degli uomini, ed inizia così il suo monologo: *"Che fai tu, luna, in ciel? dimmi, che fai, silenziosa luna?"*. Come questo pastore, anche noi possiamo porre interrogativi alla Luna, ma anche la Luna, come tutto il cosmo, pone interrogativi a noi, ci invita all'introspezione, alla riflessione interiore, alle domande su noi stessi, sulla nostra vita e sul nostro ruolo nel mondo: domande di senso, domande esistenziali! La Luna da sempre affascina, incanta, interpella, riesce a suscitare nell'uomo un fascino immortale che sfugge anche alla scienza e al potere della sola ragione; il suo fascino è inafferrabile e non si lascia circoscrivere unicamente dentro logiche scientifiche e calcoli matematici. Essa ha una bellezza propria, esclusiva, unica. Talvolta ammalia, strega, infervora la follia. La Luna va contemplata, ammirata, semplicemente, in silenzio, perché essa è silenziosa. Attrae ed irradia. La Luna si fa vedere, a volte no, a volte solo un poco; talora è più vicina, altre volte più lontana. È alquanto misteriosa, forse perché rimanda al

Mistero... La Luna comunque è lì, sempre lì, in disparte, a fianco, discreta, a ruotare e a gravitare fedelmente intorno alla Terra e mai si distacca da essa: *"Mi piace pensare che la Luna è lì, anche se io non guardo"* (A. Einstein). Cos'altro possiamo aggiungere sulla Luna? Cos'altro possiamo aggiungere sul Monachesimo? Fai tu, don XX, i dovuti paragoni. Non è vero che il Monachesimo, se lo conosci, interroga e interpella riguardo al senso della vita? Non pone domande? Non affascina talvolta? Non esula da logiche perfette e predeterminate? Non appare in un certo senso incomprensibile ai paradigmi di questo mondo? Per molti non è sinonimo di follia? Non ha uno scopo specifico, un ruolo preciso ed una natura ben determinata? Non è per attrazione e irradiazione che si propone al mondo e agli uomini e alle donne di tutti i tempi? Presenza silenziosa ma efficace: non è questo il suo modo di essere, la sua essenza? In esso non vi è un rimando al Mistero? *"La vita consacrata che non sia capace di essere «iconica», suggestiva, affascinante, bella, intuitiva, trasformatrice, sarebbe muta in questa nostra cultura"* (B. Secondin).

Anche il Monachesimo, come la Luna, ha avuto nel corso della propria storia e della storia della Chiesa fasi calanti e fasi crescenti, fasi di luce piena e fasi di buio; ci sono stati alti e bassi, processi ciclici e vicende alterne, momenti di splendore e di decadenza, di evoluzione e di involuzione, di crisi e di rinascite, di riforme e superamenti, di inverni e nuove primavere, ecc., ma la Luna c'è sempre anche quando non si fa vedere, anche quando è a un quarto o a metà è ancora lei, è sempre lei, anche quando è nascosta sappiamo che c'è, essa sparisce alla vista ma poi ritorna. E sappiamo che essa gira attorno alla Terra, è in funzione della Terra con la sua influenza benefica, con il suo potere "magnetico" e gravitazionale, con i suoi effetti positivi. E la Terra, da parte sua e come contraccambio, cosa dà alla Luna, suo satellite? Io non lo so, forse bisognerebbe vivere sulla Luna per capirlo, ma di fatto noi viviamo sulla Terra e conosciamo i risvolti positivi della Luna rispetto alla Terra. E così, vale lo stesso per il Monachesimo in rapporto alla Chiesa: quanti benefici sono ricaduti sulla Chiesa (e non solo su di essa) grazie al Monachesimo. Soprattutto nei periodi di crisi, di crisi del papato e del clero secolare, il Monachesimo è venuto in soccorso alla Chiesa, anche attraverso eccellenti personalità e numerosi santi appartenenti ai vari ordini monastici (oltre ai nomi già citati, aggiungiamo San Pier Damiani, ma anche alcune tra le molte figure del monachesimo femminile, tra cui Santa Ildegarda di Bingen detta "la Profetessa teutonica", Santa Matilde di Hackeborn, Santa Gertrude di Helfta detta "la Grande", Catherine Mectilde de Bar e tanti altri ancora), ed è stato un faro di riferimento e un autorevole sostegno per il rinnovamento spirituale e per importanti e decisive riforme per la vita stessa della Chiesa. Grandi figure di Papi e Vescovi sono uscite dalle schiere dei monaci, figure che hanno decisamente segnato la storia della Chiesa.

Oggi il Monachesimo è in fase calante, proprio in Europa (ironia della sorte...), ma ogni fase calante prepara sempre una Luna nuova. Speriamo sia così anche in questo caso. La speranza è d'obbligo perché è evangelica, ma non è da confondere né con l'illusione né con l'ingenuità. Per qualcuno il declino del Monachesimo è irreversibile, esso sta implodendo perché ha perso al suo interno energia e forza propulsiva; ma non può darsi il caso che sia in crisi il Cristianesimo stesso? Certamente l'uno non è riducibile all'altro e viceversa ma, forse, direttamente proporzionali lo sono, cioè la crisi dell'uno è indicativa e sintomatica per l'altro: *"Un tempo è finito, il modello monastico non è più perseguibile, il rapporto con la storia non più proponibile in termini di cristianità [...] Il modello monastico non mi pare oggi perseguibile nella tradizione cristiana come un modello di valore universale [...] Il monachesimo è alla fine, non perché ha fallito il suo compito, ma semplicemente perché l'ha esaurito"* (C. Leonardi). Per tanti altri, invece, c'è la profonda convinzione dell'indubbio valore della vita monastica e della sua fecondità umana e spirituale anche nel contesto della Chiesa del Terzo millennio e del mondo contemporaneo: *"Certamente, il problema che sta a monte si annida sullo sfondo di una selvaggia secolarizzazione che minaccia le stesse radici della nostra civiltà. Qui si colloca la prospettiva purificata di una vita monastica presente e futura: i valori, se sono veramente evangelici, non avranno mai scadenza"* (V. M. Cattana); *"Siamo tutti coscienti che la nostra vocazione ha una veracità. Cioè un modo di concepirla e di viverla che sia vero, autentico. La veracità è definita come la corrispondenza alla verità [...] La verità è una realtà che «ci corrisponde», e quindi una realtà «a cui corrispondere», a cui «rispondere», cioè verso la quale essere responsabili. E questo vale soprattutto quando è in gioco la vita, la verità della vita"* (M. G. Lepori).

Se il Monachesimo riprendesse nuovo vigore da sé stesso e dal proprio interno, ne gioverebbe senz'altro anche la Chiesa e sarebbe di stimolo anche per le altre forme di vita religiosa; se mai la Chiesa dovrebbe spingere in questa direzione. Si ha, invece, l'impressione del contrario, cioè che il Monachesimo sia considerato come categoria trascurabile in via di estinzione (e gli altri ordini religiosi? E il clero secolare?). Viviamo tempi non facili, lo sappiamo. Ma visti i tempi, non possiamo escludere che la Chiesa stessa, volente o nolente, si troverà un giorno a dover tornare alle origini, cioè nei monasteri, dentro le mura monastiche per difendersi da nemici interni ed esterni, quindi per sopravvivere, salvarsi e ripartire da capo. In questo caso il ritorno ai chiostri sarebbe auspicabile. Soprattutto perché è ritornando alle origini che si raggiunge il vero ed autentico rinnovamento della Chiesa, e non è un controsenso: non c'è bisogno di inseguire le mode del momento, né di fare rivoluzioni estemporanee, né di inventare chissà cosa, tanto meno di compiacere anticristicamente questo mondo omologandosi ad esso (Gal 1,10), perché il Vangelo stesso è la novità perenne, è la Verità di sempre che implica una "diversità", pone una "differenza" proprio rispetto al mondo come segno di contraddizione. E questo è ciò che tenta di affermare e di incarnare il Monachesimo, tanto quello delle origini quanto quello di oggi. Allora, perché non rivalorizzare la spiritualità monastica? È possibile perdere questo immenso patrimonio spirituale e culturale che è il monachesimo in generale? E perché, a sua volta, il monachesimo stesso (quello italiano in particolare) non si rimette in gioco per una riforma spirituale ripartendo dalla radicalità e autenticità della sua tradizione? Così ha tentato di fare il monachesimo francese con il movimento di Solesmes. *"Occorrerà ben presto costruire dei chiostri rigorosamente isolati, dove non entreranno né le onde né le foglie; nei quali sarà coltivata l'ignoranza di ogni politica, si disprezzerà la fretta, il numero, gli effetti della massa, delle sorprese, del contrasto, della ripetizione, della novità, della credulità. Sarà là che un certo giorno si andranno a considerare attraverso le grate alcuni esemplari di uomini liberi"* (Paul Valéry). A maggior ragione perché, ribadendo di nuovo ora quello che ho detto all'inizio, il Monachesimo vuole essere semplicemente una via perfetta di vita cristiana, quindi ogni cristiano (laico, consacrato, celibe o sposato che sia), potrebbe trovare, non già nell'imitazione della vita del monaco ma nei valori perenni del Monachesimo, un aiuto e un punto di riferimento spirituale a cui ispirarsi per vivere cristianamente, secondo la propria vocazione, dentro le vicende della vita. *"Dove e quando si propone una vita cristiana impegnativa e rigorosa, con una forte connotazione ideale, fedele al Vangelo, si ha una risposta, anche vocazionale, straordinaria"* (R. Stark). Se non si guardasse al Monachesimo con una certa perplessità, come cosa strana, aliena, come la Luna non è aliena alla Terra, la Chiesa stessa, in un contesto culturale già di per sé antropocentrico, sarebbe richiamata, come davanti a uno specchio, a non dimenticare la sua specifica natura e, nel rapporto con il mondo, aiutata a rimanere in allerta davanti al rischio, sempre più avvertito, di alterarsi, di mondanizzarsi, di scendere a patti con il secolarismo diffuso, di omologarsi ad una specie di entità filantropica, di onlus tra le tante, o al massimo ad un'agenzia religiosa con finalità esclusivamente sociali, umanitarie e temporali; e pure davanti al rischio, più grave, di un cristianesimo ridotto a teismo (vago e generico) e ad etica (per giunta relativista e opinabile), di una teologia debole e scaduta in ecologia ambientalista e in migrantismo, di un magistero approssimativo e ambiguo, di un Vangelo diluito e accomodato alle situazioni e di una fede evanescente esautorata dei suoi contenuti. Affermo questo perché l'esperienza del Monachesimo, in sé e per sé, è qualificante l'identità della Chiesa e del Cristianesimo! Di ciò, caro don XX, ne sono sempre più convinto.

E la Luna e la Terra, ciascuna con moti propri ma che si influenzano, insieme girano attorno al Sole che illumina entrambe. Il Sole sì che è necessario, indispensabile per la vita, come Cristo è necessario e insostituibile. Il Monachesimo ruota attorno alla Chiesa così come la Luna alla Terra, e tutte due insieme ruotano attorno al Sole, che è Cristo. Non è forse così? Ed è tutto un susseguirsi di luce e di buio, di giorni e di notti, di stagioni e di anni, tra gli alti e i bassi della vita. Luna e Terra, poi, beneficiano della luce solare, e di questa luce la Terra ne può godere un pochino anche di notte, grazie alla Luna. Sì, è proprio così, perché sappiamo che la Luna non brilla di luce propria ma, quando c'è, riflette la luce del Sole ed illumina la Terra proprio nell'oscurità della notte, tanto da permetterci di non brancolare nel buio... e allora come è bella e intrigante la Luna piena!

Torniamo, a questo punto, alle domande iniziali: perché c'è la Luna? A cosa serve la Luna? È superflua? È necessaria? ecc. Forse, don XX, attraverso questo paragone, sono riuscito, almeno spero, a farti vagamente capire il perché del Monachesimo in rapporto alla Chiesa. La presenza della Luna è, in un certo senso, una presenza "gratuita", così come quella del Monachesimo per la Chiesa. *"Può darsi che il monachesimo, come alcuni dicono, stia al cuore «spirituale» della Chiesa. Certo non ne è al cuore «istituzionale». Come ogni cristiano, vogliamo semplicemente vivere una vita secondo il Vangelo. Niente di più. Ma non siamo utili al funzionamento dell'organizzazione ecclesiale. Noi monaci siamo altra cosa"* (E. Bianchi). Allora, la Terra potrebbe fare a meno della Luna? La Chiesa potrebbe fare a meno del Monachesimo? Nei documenti ufficiali la Chiesa dice di no; nei documenti... e nei fatti? Potrebbe esistere ugualmente la Terra senza la Luna, la Chiesa senza il Monachesimo? Alcuni direbbero: senz'altro! Dov'è il problema? Altri direbbero: assolutamente! È un controsenso! Io dico: forse sì, o forse no, non lo so. Certamente cambierebbe qualcosa, e la Terra, così come la conosciamo, non sarebbe più la stessa! Sta di fatto che la Luna c'è, e ringraziamo Chi ce l'ha messa, Chi l'ha voluta!

Carissimo don XX, ora è proprio il momento di concludere, perché sono stanco io di scrivere, chissà tu quando leggerai... Penso di non avere altro da aggiungere, spero di non averti annoiato. Giudicherai tu e mi farai sapere. Sono dunque partito dalla Regola benedettina e ho cercato di trovare per te, sacerdote novello, quella cornice ideale di cui ti dicevo all'inizio e con la quale cerco anch'io di confrontarmi spesso, rimettendomi positivamente in gioco, in discussione, anche con seri esami di coscienza; in ogni fase della vita si è sempre in cammino, si è sempre in formazione! Forse ti è sembrata avulsa dalla realtà o fin troppo idealizzata e astratta la descrizione che ti ho fatto della figura del monaco e del monachesimo in generale, come a tanti appare idealista e perfino utopico il Vangelo stesso; pur consapevole del rischio di averti presentato la realtà monastica attraverso l'idea che mi sono fatto di essa, sono certo però di una cosa: che la spiritualità monastica benedettina non sono io che l'ho inventata e che, di fatto, è questa che ti ho esposto nei suoi tratti e contenuti essenziali. Per di più, tenere sempre desto e alto l'ideale ci sprona a rimanere motivati, a rinvigorire ogni volta la giusta tensione spirituale che bisogna avere, ci obbliga a rimboccarci le maniche per tentare di raggiungere quella perfezione e santità a cui ci appella il Vangelo attraverso la nostra conversione quotidiana. Appartiene poi all'esperienza concreta e alla vita di tutti i giorni constatare realisticamente che la spiritualità monastica si declina e si incarna dentro comunità più o meno zelanti e robuste, o più o meno pigre e rassegnate; grette e ingessate o aperte e mentalmente dinamiche; entusiaste o demotivate; unite o faziose al proprio interno; irreprensibili e con forti stimoli o imborghesite e segnate da stanchezze; serene e trasparenti o complicate e sofisticate; disponibili a rigenerarsi e ad accogliere nuovi stimoli o impermeabili e che costringono ad adeguarsi e ad appiattirsi su una stagnante e intollerabile mediocrità; comunità comunque sempre formate da uomini imperfetti, come lo siamo tutti, che il tempo cambia in meglio o in peggio. Un monaco, un giorno, mi lasciò questo messaggio su un foglietto: *"Nei monasteri ci sono monaci. Cioè uomini. A volte cristiani... e il monastero ideale non esiste, come non esiste il monaco perfetto, e neanche il prete perfetto. Ogni tanto ci scappa un santo, ma con la sua umanità, i suoi limiti e difetti".* Niente di più vero! Quindi, non tanto idealmente ma con realismo e concretezza, per quanto ci sia riuscito, ho voluto rileggere la figura del sacerdote diocesano e il suo ministero con un'attitudine mentale monastica; perciò, come altre volte, prendi queste mie riflessioni con cognizione di causa; lo sai bene che il mio è un approccio tra i tanti possibili, è un punto di vista personale che ho voluto condividere con te, una prospettiva particolare che non esaurisce le tante dimensioni del ministero sacerdotale. Anzi, altri meglio di me avrebbero potuto offrirti, in questo importante momento della tua vita, riflessioni più pertinenti e più specifiche circa la spiritualità, l'identità e il ministero del presbitero diocesano. Altre cornici sono quindi possibili; se questa mia cornice non ti sembrerà confacente, la potrai certamente sostituire; l'importante è, tra le tante, trovarne una che ti si adegui.

Tuttavia, mi farebbe davvero piacere, alla fine di questa lettera, se tu fissassi e scolpissi bene nella tua mente un'affermazione non mia, ma del grande Sant'Agostino che, come sai, da Vescovo di Ippona, aveva raccolto attorno a sé i suoi preti nel monastero da lui voluto; un'affermazione che è una stupenda sintesi e il senso ultimo di questa lettera che ti ho scritto: la classica ciliegina sulla torta! Egli disse così: *"Il sacerdozio è cosa tanto grande che solo un buon monaco può darci un buon chierico"*. Questa frase è come una freccia che ha fatto centro al primo tiro, un'affermazione che ha centrato in pieno il bersaglio! Una frase del genere fa riflettere veramente! E potrebbe far riflettere anche chi ha la responsabilità della formazione nei seminari, dove si è introdotta la tendenza a discernere l'idoneità vocazionale di un candidato secondo criteri più psicologici che spirituali.

Don XX, in questi giorni di festa tantissime persone condividono la tua gioia e il tuo grazie al Signore e sono certo che continueranno a starti vicino: ecco, abbi sempre in te coraggio, gioia, serenità, e tanta gratitudine verso queste persone e coloro che ti hanno accompagnato in questi anni: i superiori del seminario, i tanti sacerdoti che hai incontrato, la tua parrocchia e quelle dove hai prestato servizio; i tuoi parenti, i tuoi amici, le persone che conosci; ma soprattutto i tuoi cari genitori. Tra qualche settimana riceverai dal Vescovo la nomina come curato in un oratorio: ti auguro di trovare un parroco che non mortifichi, ma sappia valorizzare appieno le tue capacità e il tuo entusiasmo giovanile, "*con l'affetto severo del maestro e quello tenero del padre*", come San Benedetto esorta l'Abate in rapporto ai suoi monaci. Come ti ho detto più volte, le parrocchie, più o meno, sono tutte uguali, i parroci no!

Ma prima di lasciarti, don XX, desidero aggiungere ancora un ultimo, piccolo suggerimento, per me importante. Me lo concedi? Hai ancora un po' di pazienza? C'è un testo di altissima e solida spiritualità, nato presumibilmente in ambiente monastico di tipo anacoretico (qualche studioso sostiene, forse a torto, che sia nato nel contesto della *Devotio moderna*), che vorrei proporti come accompagnamento al tuo sacerdozio: è il testo sublime dell'*Imitazione di Cristo* (Papa Giovanni XXIII era lettore assiduo di questo libro che teneva sul comodino accanto al letto insieme al Vangelo; negli anni della giovinezza Santa Teresa di Lisieux si era formata su questo libro di cui aveva imparato a memoria ampi stralci e Bossuet lo aveva definito addirittura *"il quinto vangelo"*). Tra poco, curato in oratorio, verrai subito assorbito da parecchie attività: per non scivolare in uno sbilanciamento eccessivo, metti sull'altro piatto della bilancia della tua vita sacerdotale, come contrappeso, la lettura quotidiana di questo libro, per garantire a te stesso il necessario equilibrio e la giusta misura in tutto (è la *"discretio"* benedettina); per semplificare, potremmo dire equilibrio, proporzione, giusta misura tra l'essere sacerdote secolare ma anche un po' monaco, giusta misura tra vita attiva e vita contemplativa (Dom Chautard parlerebbe contemporaneamente di *"contemplazione attiva e attività contemplativa"*): come due binari, anzi, come due ruote di una bicicletta che devono necessariamente girare alla medesima velocità!

Questo paragone è voluto perché sai cosa intendo: lo hai provato molte volte nei tanti giri che abbiamo fatto insieme con la bici da corsa; è davvero arrivato il tempo di salire sulla nuova bicicletta della tua vita sacerdotale; il periodo dell'allenamento è concluso, ora sei sulla linea di partenza per iniziare la corsa. Allora via! E pedala con i consigli di sempre: prendi prima un po' di confidenza; non cadere in errori da principiante che "spara dentro" subito all'inizio e poi di colpo si "pianta"; scegli bene i rapporti e dosa le forze; usa la testa, non solo le gambe; studia il percorso; sii tenace e non mollare nelle salite, sii prudente nelle discese; prevedi i pericoli; non distrarti e guarda avanti; e punta al traguardo! E poi con gli accorgimenti di sempre: bevi anche quando non hai sete; tieniti rifornito e occhio ai cali glicemici: mai pedalare "svuotato" e senza energia; e riposo, solo riposo se si manifesteranno sintomi da sovrallenamento. E se qualche volta avrai bisogno di qualcuno che ti affianchi, o per stargli a ruota nei momenti di difficoltà sfruttando la sua scia per risparmiare e recuperare un po' di forze, tra i molti, sai che potrai contare anche su di me; chissà, magari, da adesso, ogni tanto potremmo anche darci il cambio lì davanti, a "tirare" un po' per uno!

Il Signore ti accompagni! Buona corsa, don XX, e tanti auguri!

"Si entra in monastero non per fare questo o quello,
ma per «essere del Signore»,
perdutamente dati a lui
nell'offerta di se stessi, nella preghiera,
nell'umiltà, nella povertà.
Questa è la radice della fecondità della vita monastica.
Non bisogna cercarla in nient'altro".

(A.M. Canopi)

"Il paradosso della vita monastica
è proprio questo:
nonostante i suoi membri rinuncino al mondo,
tuttavia incidono su di esso,
contribuendo alla sua trasformazione
e alla creazione di un ideale
di ciò che il mondo dovrebbe o potrebbe essere".

(J. Leclercq)

Printed by Books on Demand GmbH, Norderstedt / Germany